판소리 명창
한시로 읊다

판소리 명창
한시로 읊다

초판 1쇄 2020년 10월 20일

지은이 최영성
펴낸이 김기창
펴낸곳 도서출판 문사철

출판등록 제300-2008-40호
주소 서울 종로구 창경궁로 265 상가동 3층 3호
전화 02 741 7719 | 팩스 0303 0300 7719
홈페이지 www.lihiphi.com
전자우편 lihiphi@lihiphi.com

디자인 은
인쇄 및 제본 천광인쇄사

ISBN 979 11 86853 83 2 (93810)
※ 값은 뒤표지에 있습니다.

21세기의 관극시(觀劇詩)

판소리 명창 한시로 읊다

최영성 지음

도서출판문사철

예인찬시(藝人讚詩) 출간을 심축하며

백사 최영성 교수가 독특한 책 한 권을 냈다. 『판소리 명창, 한시로 읊다』가 곧 그것이다. 이 책을 대하면서 느낀 소회는 우선 국악계에 몸담고 있는 한 사람으로서 적이 부끄러웠다는 사실이다. 전공자도 아닌 저자가 국악계 명인 명창 예순 네 분의 음악적 특성을 적확히 집어 낸 안목도 놀랍지만, 더구나 그 분들의 인간적인 면모와 예술적 개성들을 웬만한 천학(淺學)들은 언감생심 엄두도 못 낼 한시(漢詩)로 풀어내고 있으니 말이다.

지금까지의 명창들 얘기는 으레 산문체의 서술들이었다. 운문(韻文)으로 명창의 일생을 축약한 예도 거의 없었으며 더구나 한시로 엮는 일은 전무하지 않았나 싶다. 그렇게 보면 백사 선생의 이번 저작은 획기적인 쾌거라 하겠다. 명인 명창들의 음악예술이 운문의 가락에 맞춰 만인의 입에 회자되며 한층 주옥같이 빛을 발할 수 있겠기 때문이며, 그들의 업적이 율격의 리듬을 타고 더욱 명료히 만인의 뇌리에 추억처럼 각인될 수 있겠기 때문이다.

여기 64괘 수효의 면면들을 살펴보니 거의 절반에 가까운 명가들은 나와도 인연의 옷깃이 닿았던 분들이다. 같은 분야에서 인사를 나누며 지냈다던가 혹은 함께 국내외의 공연활동을 치르기도 했던 반가운 이름들이다. 따라서 나의 입장에서는 본 저술의 내용들이 새삼스레 감회 깊게 저며 오지 않을 수 없는 사연들이라고 하겠다. 비단 나의 처지만이 아니라 국악을 전공하는 동료들이나 후학들이 일독해 본다면 많은 상상력과 함께 자극과 분발의 계기가 될 수도 있을 것이다.

백사 선생은 학계나 주변의 도반들이 이구동성으로 상찬하듯이 군계일학으로 돋보이는 준재(俊才)이자 학자이다. 특히 한학(漢學)에 뛰어나서 기존의 에밀레종 명문(銘文) 해석의 오류를 적시해내는가 하면, 최치원(崔致遠)의 문집을 비롯한 〈사산비명(四山碑銘)〉 등의 풍격 있는 명문장들을 유려하게 번역해내는 능력 등은 가히 범상한 학인들로서는 괄목 선망할 경지가 아닐 수 없다. 재예(才藝)와 천품(天稟)과 호학(好學)의 열정이 체화된 백사 선생의 예인찬시(藝人讚詩) 간행을 깊이 축하드린다.

경자년 이칙월(夷則月) 대한민국 예술원 회원
한명희

소서(小序)

　살다보면 전혀 생각하지 않았던 일이 때론 자신의 의무처럼 되기도 한다. 관극시(觀劇詩)를 지어 출판까지 하게 될 줄 알았으랴. '코로나 19'가 나에게 부여한, 과제 아닌 과제라 하겠다.
　코로나 사태 속에서 한동안 무기력증에 시달렸다. 답답한 마음을 풀길이 없었다. 2월과 3월 두 달은 시작(詩作)으로 소일하였다. 시를 짓지 않고는 하루를 넘기기 어려웠다. 시에 갇힌 '시수(詩囚)'의 생활이 계속되었다.
　3월 하순 경, 소리꾼 백현호(白現瑚) 씨와 판소리에 관한 담론을 하다가 말이 '관극시'에 미쳤다. 현재도 판소리보존회 같은 단체에서 기념할 만한 명창을 선정한 뒤 칠언시 한 수로 그 소리 인생을 기린다고 한다. 이전에도 들었던 말이지만 흘려들을 내용이 아니었다. 나는 소리꾼이 아니고 귀명창도 아니다. 그렇지만 자하(紫霞) 신위(申緯: 1769-1847)의 뒤를 이어 관극시의 전통을 살리고 싶었다. 송순섭(宋順燮) 명창을 기리는 시를 시금석(試金石) 삼아 지어보았다. 나날이 늘어났다. 갈수록 손을 놓을 수 없도록 무언의 힘이 느껴졌다. 흥미도 있었지만 일종의 의무감 같은 것이 생겨났다. 이쯤 되면 내 공의 많은 부분을 백 선생에게 돌려야 할 것 같다.

역대 명창과 명인 60여 명을 선정하였다. 신위의 〈관극절구〉가 '12수'임에 주목하여 '64수'를 택하였다. 『주역』육십사괘(六十四卦)의 숫자다. 64괘는 인간과 자연의 존재 양상 및 변화 체계를 상징하는 일종의 기호다. 100일 남짓한 사이에 해냈다. 오늘까지 나의 일과는 사실상 관극시 짓기로 시종(始終)하였다. 나날이 시가 좋아진다는 스스로의 느낌은 나 자신을 위로하기에 부족하지 않았다. 그 사이 시인이자 비평가인 최규학(崔圭鶴) 선생, 대전의 한학자 김기(金己) 선생의 많은 도움이 있었다. 최 시인은 한 수가 완성될 때마다 감상평(鑑賞評)을 보내주셨고, 김기 선생은 한시의 대가답게 시의 구성과 조사(措辭)를 살펴주셨다. 두 분께는 학생이 선생님께 '숙제검사'(?)를 받는 것처럼 날마다 부쳤다. 이 조각 글에 감사의 염을 새겨둔다.

선정된 명창은, 판소리 3백년사의 관점에서 특정 시기에 몰리지 않도록 배려하였다. 명창의 소리 세계를 압축적으로 요약하면서 문학성·철학성까지 담으려고 노력하였다. 명창 말고도 고수(鼓手), 관극시에 관련된 선학들까지 포함하여 유기적 구성을 도모하였다. 판소리 역사를 정리하는 심정으로 임하였다.

판소리 동편제·서편제의 거장이 함께 배출된 전라북도 최남단 순창에서 태어나 판소리를 좋아하시던 할아버지의 영향을 많이 받았다. 1960-70년대 라디오 밖에 없던 시절, 국악프로그램이 방송을 탈 때면, 라디오를 들고 논이든 밭이든, 동네 사랑방이든 할아버지 계신 곳으로 달려갔다. 흐뭇해하시던 모습이 어제인 듯 눈에 선하다. 할아버지의 영전에 삼가 이 시고(詩稿)를 올린다. 후일 구원(九原)에서 다시 뵈면 남은 효도를 다하려 한다.

　끝으로, 나의 관극시에 감상평을 붙여 시의 격을 높여준 최규학 시인께 다시 한 번 더 감사의 말씀을 올린다. 아울러 서문을 얹어 책의 가치를 살려주신 한명희(韓明熙) 교수님께도 심심한 사의(謝意)를 표한다.

2020년 6월 30일 글을 마치며
백마강변 인후장(麟厚莊)에서 최영성 쓰다

일러두기

- 명창과 명인의 선정은 지은이의 관점에 따른 것이다. 시기, 활동상, 역사적 위상, 시재(詩材) 등 여러 가지를 고려, 안배하였다.
- 위의 선정과 성격을 달리 하는 경우 [부록]에 넣었다.
- 배열은 출생 연도에 따른 시대순을 원칙으로 하면서 활동 연대를 고려하였다.
- 명창의 연창(演唱)을 직접 듣고 보는 것을 우선으로 하였다. 현재 생존하는 명창이 아닐 경우, 음반 및 유튜브 영상 등 각종 음원(音源)을 기본 자료로 하였고, 이것이 없을 경우 정노식(鄭魯湜)의 『조선창극사』, 박황(朴晃)의 『판소리 이백년사』 등의 기록을 반영하였다.
- 원시를 한글로 번역하고 해설을 붙였다. 해설은 약전(略傳) 형식이다. 주인공의 예술 세계를 원고지 5매 내외로 서술하였다.
- 당해 명창에 대한 선학(先學)의 관극시가 있을 경우 해설 뒤에 번역하여 붙였다.
- 대부분 '감상평'을 붙였다. 글 뒤에 글쓴이를 명기하였다. 그 가운데 〈최규학(崔圭鶴)〉은, 시인으로 전 부여고등학교 교장을 지냈다.
- 형식은 압운(押韻)만 하는 고체시(古體詩)를 택하였다. 까다로운 제약에서 벗어나 내용을 보다 잘 전달하기 위함이다.
- 칠언 또는 오언 '사구(四句)'를 기본으로 하면서 일부는 '육구(六句)' 형식을 취하였다.
- 생몰연대는 호적상의 것이 아닌 실제 연도를 찾는 데 힘썼다. 사전(事典) 등 기초 자료를 참고하면서 최근의 연구 결과와 여러 증언을 반영하였다. 증언은 '국악음반박물관'에 실린 자료를 기초로 하였다.

차례

- 예인찬시(藝人讚詩) 출간을 심축하며   4
- 소서(小序)   6
- 일러두기   9

1. 딴청일쑤 명창 고수관(高壽寬)   17
2. 자연의 솜씨를 빼앗은 송흥록(宋興祿)   23
3. 덜미소리의 모흥갑(牟興甲)   30
4. 경드름을 개발한 염계달(廉季達)   35
5. 자존심의 명창 박만순(朴萬順)   41
6. 광대 가르친 사부(師傅) 신재효(申在孝)   45
7. 춘향가의 독보 김세종(金世宗)   51
8. 서편제의 비조(鼻祖) 박유전(朴裕全)   56
9. 개천의 용 이날치(李捺致)   59
10. '도리화가'의 주인공 진채선(陳彩仙)   64
11. 하늘이 시험한 정창업(丁昌業)   67
12. 외눈에 오수경 쓴 박기홍(朴基洪)   72
13. 비갑이 명창 권삼득(權三得)·정춘풍(鄭春風)   77
14. 판소리사의 중조산(中祖山) 감창환(金昌煥)   81
15. 근대 판소리계의 지존 송만갑(宋萬甲)   85

16. 새타령의 대명사 이동백(李東伯) 90
17. 고제 판소리 3대 김창룡(金昌龍) 97
18. 떡목을 타고난 대명창 정정렬(丁貞烈) 103
19. 수궁가의 지존 유성준(劉成俊) 108
20. 나물 뿌리 향내 같은 소리 이선유(李善有) 113
21. 북과 춤의 일인자 한성준(韓成俊) 119
22. 동편 소리 서슬 퍼런 장판개(張判盖) 123
23. 꽃 가운데 신선 이화중선(李花中仙) 128
24. 가야금병창의 아버지 오태석(吳太石) 133
25. 가야금의 선인(仙人) 심상건(沈相健) 138
26. 판소리 새 장을 연 가선(歌仙) 정응민(鄭應珉) 142
27. 20세기 판소리의 신화 임방울(林芳蔚) 149
28. 연잎의 푸른 구슬 같은 박녹주(朴綠珠) 155
29. 동초제의 시조 김연수(金演洙) 159
30. 저녁 물가의 백학 같은 김소희(金素姬) 165
31. 아미산의 초승달 같은 박초월(朴初月) 170
32. 고수가 천직인 이정업(李正業) 174
33. 온 바탕의 본을 보인 박동진(朴東鎭) 178
34. 가야금병창의 대모 박귀희(朴貴姬) 182
35. 고법의 최고봉 김명환(金命煥) 188

36. 불운을 극복한 비운의 명창 박봉술(朴奉述)　　　192
37. '박(樸)'과 '실(實)'의 명창 정권진(鄭權鎭)　　　197
38. 명창에서 고수로 전업한 김동준(金東俊)　　　201
39. 풍류춤의 거인 김수악(金壽岳)　　　204
40. 현대 동편제의 거목 박송희(朴松熙)　　　211
41. 음악의 신 한일섭(韓一燮)　　　213
42. 동초제의 중흥조 오정숙(吳貞淑)　　　218
43. 보성소리의 거장 조상현(趙相賢)　　　223
44. 봄밭 유채꽃 같은 성우향(成又香)　　　227
45. 보성소리에 일생을 건 성창순(成昌順)　　　232
46. 연향을 못다 피운 안향련(安香蓮)　　　236
47. '구전성공'의 동편제 명창 송순섭(宋順燮)　　　241
48. 아쟁에 소리가 가린 김일구(金一球)　　　244
49. 박동진 명창의 30년 짝 주봉신(朱鳳信)　　　249
50. 장단 하나로 통하는 김청만(金淸滿)　　　252
51. '미친산조'의 명인 백인영(白寅榮)　　　256
52. 보비위 북의 명인 이낙훈(李洛薰)　　　260
53. 국악계의 프리마돈나 안숙선(安淑善)　　　263
54. 늘 푸른 명창 김영자(金榮子)　　　269
55. 일찍 꺾인 대들보 은희진(殷熙珍)　　　273

56. 곰삭은 수리성의 진수 김수연(金秀姸)	275
57. 아미산 달 그림자 같은 전정민(全貞敏)	278
58. 춤의 근원을 찾는 차명희(車明姬)	282
59. 송계(松溪)의 손자 정회석(鄭會石)	285
60. 송계의 가을달 같은 윤진철(尹珍哲)	289
61. 왕씨 삼형제의 막내 왕기석(王基錫)	291
62. 판소리계의 오채봉추 염경애(廉敬愛)	295
63. 하늘이 낸 소리꾼 장문희(張文熹)	299
64. 법고창신의 소리꾼 백현호(白現瑚)	303

부록
1. 관극시를 되살린 이영민(李榮珉)	309
2. 광대열전을 선보인 정노식(鄭魯湜)	314

관극시 명단	317
삼가 백사 선생의 관극시집 출판을 축하하며	320
저자 소개	322

판소리 명창
漢詩로 읊다

1
딴청일쑤 명창 고수관(高壽寬)

觀劇贈詩申紫霞
推許老伶激賞加
競效鼻聲非往事
一場春香日欲斜

소리판 공연 보고
시 지어준 신자하
노광대(老廣大) 인정하고
격찬을 더하였네.

다투어 콧소리 내던 고사[1]
오늘에 보게 될 줄이야.
춘향가 한 바탕에
해가 뉘엿뉘엿하구나.

해설

　　고수관(高壽寬: 1764-1849?)[2]은 순조·헌종 조에 활약했던 명창이다. 전기 팔명창 가운데 한 사람으로 꼽힌다. 본관은 제주(濟州)다. 충청남도 서산 해미(海美)[3] 출신으로 만년에는 공주에 살았다. 문식(文識)이 있었다는 전언으로 미루어 비갑이 명창일 가능성이 있다. 자하(紫霞) 신위(申緯: 1769-1847)가 관극시에서 '고송염모조해추(高宋廉牟噪海陬)'라 한 뒤, '고송염모'가 하나의 단어처럼 쓰였는데, 이것은 출생 연대와 활동 시기의 선후를 고려한 명명으로 보인다. 정노식의 『조선창극사』에서는 "소장(所長)은 춘향가인데, 염계달의 창법을 많이 모방하였다 한다. 송·모·염의 좀 후배이나 역(亦) 그들과 병견하여 일세를 용동한 대가였다"라고 기술하였다. 출생 연대가 가장 앞선 고수관을 '후배'라고 한 것이나, 염계달의 창법을 따랐다고 한 것은 사실의 오류로 판단된다.[4]

1　사안비성(謝安鼻聲)의 고사. 다른 사람의 기예를 본받으려고 노력하는 것을 말한다. 중국 진(晉)나라 때 사안(謝安)은 젊어서 콧병을 앓아 소리가 굵고 탁하였다. 당시의 명류(名流)들이 이 음성을 모방하려고 해도 잘 안 되자 '손으로 코를 막고 읊조렸다[手掩鼻而吟]'고 한다(『세설신어(世說新語)』, 「아량(雅量)」 참조). 고수관 역시 늘그막에 병을 얻어 코 먹은 소리를 심하게 하였는데, 후인들이 이를 모방하여 비음(鼻音)으로 방창(倣唱)하였다고 한다.
2　고수관이 팔십 살 때 자하 신위가 지어준 시가 『경수당전고』 권29에 전한다. 1843년에 지은 '高壽寬八十之年, 演劇猶能有昔時聲調, 臨別有詩'란 긴 제목의 시에 따르면, 그는 '1764년생'이 분명하다.
3　현재 지명은 서산시 고북면 초록리.
4　『조선창극사』에 의하면 염계달은 헌종의 부름을 받고 누차 어전에서 소리를 하였다고 한다. '어전광대'의 일컬음은 대개 명창들의 전성기에 볼 수 있는 일이다. 당시 염계달 나이 40세 전후였을 것이다. 80세 전후의 고수관과는 40년 가량의 차이가 난다. 인생 40년 선배가 후배의 창법에 영향을 받았다고 보기는 어렵다.

그는 소리판에서 즉흥성을 잘 살려 변화무쌍한 기교와 자유자재한 목청을 구사했다고 한다. '딴청일쑤'(딴 목청 내기 일쑤)라는 별명은 이와 무관하지 않다. 또 신재효(申在孝)의 〈광대가(廣大歌)〉에서 그의 특장을 들면서 '엽피남묘(饁彼南畝), 은근문답(慇懃問答)', 즉 농부들이 들밥을 먹으면서 주고받는 이야기처럼 은근하다고 하였다. 이를 볼 때 아니리가 퍽 구수하였던 것 같다. 나는 이런 특성을 '문답은근(問答慇懃) 굴신능변(屈伸能變)' 여덟 글자로 요약하고 싶다.

고수관의 장기는 춘향가다. 그 가운데 〈자진사랑가〉는 주요 더늠이다. 그네가 오가듯 흥청거리는 느낌을 준다. 이른바 '추천목(鞦韆-)'이다. 김창룡 명창에게 이어져 음반으로 전한다.

한편 그는 자하 신위와 긴밀한 관계를 유지하였다. 신위의 관극시에 의하면, 두 사람은 1825년, 1834년, 1840년, 1843년 네 번에 걸쳐 만났다. 1825년에는 한 달 가량 함께 지냈으며, 1834년에는 고수관이 신위의 귀양지 황해도 평산으로 찾아가 서로 만났다. '왕사천장심구몽(往事千場尋舊夢)'이란 시구는 이런 사정을 함축한 것이다. 일류 대명창 고수관과 조선 제일의 시인 신위의 만남은 이렇게 역사의 한 페이지를 장식하였다. (下平聲 麻韻, 2020. 5. 9)

感舊題贈 (紫霞 申緯)

老矣高伶能不死
掀鬚演劇尙風姿
謝公絲竹中年後
白傅琵琶遠謫時
往事千塲尋舊夢
相逢一笑掃今悲
春光正値三三節
燕子簾旋白日遲

늙었구려 고 명창
죽지 않고 살아 있다니.
수염 치켜들며 소리함이
아직은 옛 모습일세.
사공(謝公: 安石)의 연주 솜씨
중년 뒤에 배운 것이요
백소부(白少傅: 居易)의 비파행
유배 당시에 지은 것이라네.
지난날의 숱한 소리판을
옛꿈 속에서 찾다가
서로 만나 한번 웃고

오늘의 슬픔을 쏟어내네.
화창한 봄빛이 바로
삼짇날을 만나더니
제비 새끼 발[簾] 사이로 오간다.
봄날이 길기도 하다.

감상평

관극시의 전통은 최치원의 〈향악잡영(鄕樂雜詠)〉 5수, 이색의 〈구나행(驅儺行)〉 1수, 신위의 〈관극절구(觀劇絶句)〉 12수, 이영민(李榮珉)의 〈벽소관극(碧笑觀劇)〉 41수를 거쳐 백사로 이어지고 있다. 백사는 최치원의 사상적 후예를 자처하는 사람이다. 최치원으로부터 비롯된 관극시의 전통을 되살리는 것은 어쩌면 그로서는 자연스런 일인지도 모른다. 특히 조선 후기 최고의 시인 신위와 대명창 고수관이 지음(知音)이었다는 점을 고려하면, 이 시는 관극시 가운데 핵심적인 것이 된다고 말할 수 있다.

선경부(先景部)에서는 신위가 고수관을 인정하고 찬양시를 남긴 점을 부각시켰다. 과녁을 제대로 맞힌 것이다. 첫 구를 '판소리 공연 보고 시 지어준 신자하[觀劇贈詩申紫霞]'로 시작하였다. 자하는 신위의 호다. 이는 신위가 〈관극절구〉에서 고수관의 연희를 묘사한 대목을 부연한 것이다. 신위는 고수관을 찬미하는 시를 여러 편 남겼다. 그의 문집 『경수당전고(警修堂全藁)』에 실려 있다.

후정부(後情部)에서 '다투어 콧소리 내던 고사를 오늘에 보게 될 줄이야[競效鼻聲非往事]'라고 하였다. 사안비성(謝安鼻聲)의 고사를 인용, 고수관의 위상을 사안에 연결시켜 부각하였다. 백사의 고전 실력을 엿보게 하는 대목이다. 이는 또한 '서시빈목(西施嚬目)'의 고사를 떠올리게 하면서 인문학적 배경을 회상해보는 재미를 제공하고 있다.

이 시의 백미는 결구 '춘향가 한 바탕에 해가 뉘엿뉘엿하구나[一場春香日欲斜]'이다. 쉬운 한자를 활용하여 고수관이 춘향가의 일대 종사(宗師)였음을 드러냈다. 관객들이 세상 시름 모두 잊고 고수관의 춘향가에 취해 있을 때 해가 뉘엿뉘엿 지는 풍경이라니, 백사의 상상력과 시적 표현에 감탄하지 않을 수 없다. 이때 고수관은 자신의 더늠인 〈자진사랑가〉를 불렀으리라. 더늠은 요샛말로 오리지널 사운드 트랙이다. 〈최규학〉

2
자연의 솜씨를 빼앗은 송흥록(宋興祿)

逸話異談有自別
月光禪師授歌訣
啾啾鬼聲立髮毛
晉陽緩調送孟烈
呼風喚雨恍惚間
音奪造化口難說

전하는 일화와 기담
특별하기도 하다.
월광선사(月光禪師)가
가결(歌訣)을 주었다지.

귀신 곡하는 소리에
머리털이 쭈뼛쭈뼛.
진양조 느린 가락으로
맹렬이를 보냈다네.

바람과 비를 부르는
황홀한 시간이었네.
탈조화[5]한 소리 공력
어떻게 말로 표현할까.

해설

송흥록(宋興祿: 1801?-1863?)[6] 명창은 전라북도 남원 운봉(雲峯) 출신으로 익산에서도 살았다. 본관은 여산(礪山)이다. '일세의 가왕(歌王)'으로, '판소리의 중시조(中始祖)'로 받들어진다. 어려서부터 소리에 천부적 재질을 보였으며 풍채가 빼어났다고 한다. 전하는 일화와 기담(奇談)이 많다. 권삼득의 고수였던 부친에게 소리를 배우다가 12세 때 함양의 백운산 산사(山寺)에 들어가 십 년을 기한으로 독공(獨功)을 하였다. 이 때 월광선사(月光禪師)에게 '소리의 원리'에 대하여 가르침을 받았다. 자연의 솜씨를 빼앗을 만한(可奪造化) 성음의 기초는 당시에 닦은 것이었다. 판소리가 '자연의 소리'에 바탕을 두었기 때문에 '노래' 아닌 '소리'로 일컫는다는 사계(斯界)의 주장을 실증한 당사자가 송흥록이라 하겠다. 그는 또 월광선사의 지침을 받아 판소리의 가사와 가락을 정리하여 집대성하였다. 정노식이 『조선창극사』에서 '판소리의 중시조'라고 한 칭송은 지나치지 않다.

십 년 독공을 마치고 하산하려는 전날 밤 꿈에 신귀(神鬼)가 나타나 귀곡성을 전해 주었다는 전설이 있다. 〈귀곡성〉은 송흥록의 장기 가운데 하나다. 춘향가에서 〈옥중가〉의 절정이요 화룡점정(畫龍點睛)이다. 철종 2년(1851) 무렵, 진주병사(晉州兵使) 이경하(李景夏)의 부름

5 奪造化: 조화옹(造化翁: 우주의 만물을 만든 신)의 솜씨를 빼앗을 만한 실력.
6 송흥록의 생년을 1780년 무렵으로 비정하는 예가 있다. 그러나 이는 전후 사정에 비추어 무리가 많다. 그가 어전에 처음 나간 것이 1859년이다. 1780년생이라면 이 때 팔십 노인이다. 설득력이 떨어진다.

을 받고 진주 촉석루에서 〈귀곡성〉을 연창할 때 청중의 모골이 쭈뼛쭈뼛, 등골이 오싹오싹 할 정도였다고 한다. 이후 〈귀곡성〉은 그의 소리를 대표하는 곡이 되었다.

철종 10년(1859), 권신(權臣) 김병기(金炳冀: 1818-1875)의 부름을 받고 한양에 들어가 어전에서 수차례 연창을 하였다. 철종은 그에게 정3품 통정대부의 품계를 내렸고, 이어 종2품 동지중추부사의 직을 제수하였다. 모흥갑에 이어 두 번째로 '동지'의 직을 받은 것이다. 이후 그는 김병기와 사이가 나빠져 함경도로 축출 당하였다. 바른 말을 잘하는 성품 때문이었을 것으로 본다. 고종이 즉위한 직후, 송흥록을 아끼는 흥선대원군이 그의 소재를 탐문하였으나 끝내 찾지 못하였다고 한다. 스스로 죽음을 택했을 가능성이 있다.

판소리 3백년사에서 송흥록의 공헌은 크다. 그 가운데 느린 장단 '진양조'를 완성한 점은 그 의의가 적지 않다. 진양조는 본시 그의 자형(姉兄) 김성옥(金成玉)이 창안한 것이라 한다. 김성옥이 일찍 죽어 완성을 보지 못하다가, 송흥록이 정인(情人)인 맹렬(孟烈)과 헤어지면서 자탄조(自歎調)로 불렀다는 그 가락을 통해 마침표를 찍었다. 진양조는 느린 음악을 선호하는 양반층-식자층을 판소리로 끌어들이는 데 상당히 기여하였을 것이다.

송흥록은 구슬픈 가락에 장하였다. 춘향가의 〈옥중가〉와 〈귀곡성〉은 첫손가락에 꼽히는 장기였다. 적벽가도 잘 하였다고 한다. 정노식은 『조선창극사』에서 송흥록의 창법에 대해 다음과 같이 말하였다. "당시 세인의 평과 같이 여산폭포(廬山瀑沛), 호풍환우(呼風喚雨)의 격으로 하였다. '광풍대작혜(狂風大作兮)여 고목절혜(高木折兮)로다'라는 형상으로, 천병만마(千兵萬馬)가 뒤끓어와서 천지진동하는 형상으로, 구룡비폭추분설(九龍飛瀑秋噴雪) 격으로 하는 식이다. 그러다가도 언제 그랬던가 싶게 춘풍화난(春風和暖)에 백화난만(百花爛漫) 격으로 돌아서는 식이었다고 한다." 한편의 관극시를 방불케 하는 서술이다. 여산폭포라 함은 그의 성량이 대단함을 비유한 것이다. 폭포수 소리가 어룡이 숨은 시퍼런 담(潭) 밑까지 뒤흔든다[瀑聲震蕩魚龍窟]는 비유를 함축한 듯하다. (入聲 屑韻, 2020. 6. 16)

감상평

가왕 송흥록을 기린 시다. 송흥록에 대해 조금이라도 아는 사람은 이 시가 얼마나 잘 쓴 시인가를 알고 감탄할 것이다. 한시의 격에 맞으면서도 '행(行)'이나 '사(辭)'처럼 스토리텔링이 완벽하게 이루어졌다. 송흥록의 삶 자체를 스토리텔링으로 본 것이다.

이 시는 송흥록의 실존과 본질을 잘 드러냈다. 송흥록의 본질은 일화와 기담, 〈귀곡성〉, 관기 맹렬, 풍운조화이다. 그곳에 송흥록의 실존이 그림자처럼 붙어 있다. 도입부 "월광선사가 가결(歌訣)을 주었다지" 대목에서 관심 끌기(hook)가 성공적으로 이루어졌다. 이어서 "귀신 곡하는 소리에 머리털이 쭈뼛쭈뼛", "진양조 느린 가락으로 맹렬이를 보냈다네"라고 하여 관심 유지(hold)가 계속된다. 다음으로 "바람과 비를 부르는 황홀한 시간이었네" "탈조화한 소리 공력 어떻게 말로 표현할까"라 하여 자연스럽게 해소(pay off)가 이루어진다. 대하소설 같은 이야기를 여섯 줄에 담았다. 백사가 부린 조화야말로 조화옹이 감탄할 지경이다.

송흥록은 조선 팔명창 가운데 한 사람으로, 판소리의 중시조 또는 가왕으로 불린다. 동편제의 시조로 서편제 창시자 박유전(朴裕全)과 함께 한국 판소리계에 양대산맥을 이룬다. 역대 판소리 명창 가운데 기량이 가장 뛰어났다는 평을 받는다.

송흥록과 관련된 이야기 가운데 관기(官妓) 맹렬(孟烈)과의 사랑, 그리고 〈귀곡성〉 일화가 가장 널리 알려져 있다. 송흥록이 대구 감영에서 소리를 하자 모두들 감탄하였다. 그런데 기생 한 사람이 아무 표정이 없었다. 이유를 물으니 〈귀곡성〉 부분이 아직 부족하다는 것이었다. 돌아와서 〈귀곡성〉 공부에 진력하던 중, 비오는 날 밤에 어떤 소년이 찾아와서 어르신들이 모셔오라고 한다고 하여 따라갔다. 기와집 안에 수염이 하얀 노인 세 사람이 앉아 있었다. 판소리를 청하여 불렀는데 〈귀곡성〉 부분이 부족하다며 지도해 주었다. 밤새 연습하고 잠에서 깨어보니 무덤이었다. 귀신이 가르쳐 준 것이었다.

다음 해에 어떤 잔치에서 소리를 하였다. 〈귀곡성〉을 부르자 어디선가 으시시한 바람이 불어오더니 촛불이 꺼지고 귀신 울음소리가 들리는 것이었다. 관중들이 놀라고 감동한 것은 더 말할 나위가 없다. 다음 날 관기가 보따리를 싸들고 찾아왔다. 두 사람은 운봉으로 도망쳐서 함께 살게 되었다. 그 여인이 바로 맹렬이었다. 그러나 맹렬은 질투가 심하고 의부증까지 있어 끝내 헤어지고 만다.

헤어질 때 부른 노래가 진양조의 〈단장가(斷腸歌)〉다. "맹렬아 맹렬아 맹렬아 맹렬아 잘 가거라. 날두고 가려거든 정마저 가져가지 정은 두고 몸만 가니 ……"이 소리를 통하여 송흥록의 진양조가 극치에 이르렀다고 한다. 이 이야기는 정노식의 『조선창극사』에 전한다. 이 시의 백미는 '추추귀성입발모(啾啾鬼聲立髮毛)'다. 독자의 머리털을 쭈뼛쭈뼛하게 만든다. 〈최규학〉

감상평

송흥록 명창의 관극시이군요. 실력을 인정받고 시간이 지나면 여러 이야기가 나오는 것은 옛날이나 지금이나 변함 없는 것 같습니다. 운자 別·訣·烈·說은 주로 슬픈 느낌이 듭니다. 그렇지만 시의 내용은 오히려 특별합니다. '비결', '맹렬' 등의 표현을 통해 인생의 골자를 보여주는 것 같습니다. 전반적으로 송흥록 명창의 인생을 온전히 담으려고 힘쓰셨습니다. '호풍환우(呼風喚雨)'는 『조선창극사』의 평을 참고하셨으나, 가장 인상적인 부분은 '음탈조화(音奪造化)'입니다. '교탈조화(巧奪造化)'라는 말도 있는데, 명창의 인생을 한 글자로 요약할 수 있는 '音' 자를 사용하여 멋진 마무리를 하신 것 같습니다. 〈이진영 대학생〉

3
덜미소리의 모흥갑(牟興甲)

箕城歌演傳屛繪
鳳鳴鶴唳十里外
特除二品見未曾
落齒逸唱眞廣大

평양에서의 가연(歌演)
병풍 그림에 전하는데
봉학(鳳鶴)의 울음소리
십 리 밖까지 들렸다네.

특별히 이품직을 내리다니
일찍이 없었던 일이라.
이 빠진 뒤의 기막힌 소리
노광대의 진면목이었네.

해설

　모흥갑(?-?)은 어전광대(御前廣大)로 본관은 함평(咸平)이다. 전기 팔명창 가운데 한 사람으로 꼽힌다. 출생 연대와 출생지는 분명하지 않다. 경기도 진위(振威: 현 평택시 진위면)라는 설이 유력하다. 만년에는 소리의 고장 전주로 옮겨가 전주신청(全州神廳)의 일을 보면서 팔십 넘게 살았다고 한다. 전성기는 헌종 때다.

　모흥갑은 십 년 독공을 마치고 산에서 나온 뒤 명성이 원근에 알려졌다. 헌종 13년(1847)에 영의정 김좌근(金左根: 1797-1869)의 부름을 받고 대궐에 들어가 헌종과 신료들 앞에서 적벽가를 연창하였다. 헌종은 그에게 종2품 동지중추부사(同知中樞府事) 직을 내렸다. 단번에 2품직을 제수한 것은 판소리 역사를 통틀어 처음이었다. 그의 선배이며 가왕(歌王)의 칭호를 받은 송흥록의 경우 그보다 십여 년 뒤 철종 때 가서야 어전에서 소리를 하였고, 처음 정3품 통정대부 품계를 내린 뒤 이어 종2품 '동지' 직으로 올렸다. 모흥갑의 위상은 같은 시기의 송흥록의 무게에 눌려 가려진 감이 없지 않다.

　모흥갑에 관한 자료는 다른 초기 명창에 비해 많은 편이다. 무엇보다도 평양감사 부임 당시 감사의 초청으로 평양 연광정(練光亭)에서 소리를 할 때의 모습을 담은 그림을 빼놓을 수 없다. 서울대학교박물관에 전하는 이 그림은 '평양감사부임도'라는 이름의 팔곡(八曲) 병풍 가운데 하나다. 당시의 공연 모습을 스케치한 것이다.

　모흥갑의 소리에 대한 평을 보자. 신재효는 〈광대가〉에서 "모동지 흥갑이는 관산월색(關山月色) 초목풍성(草木風聲) 천리만리 학의 울음 시중성인(詩中聖人) 두자미(杜子美)"라 평하였다. '관산월색', '천리만리' 운운한 것은 소리가 높고 웅장함을, 두보를 언급한 것은 판소리사에서의 그의 위상이 중국문학사에서의 두보에 비할 만함을 의미한다. 연광정 공연 당시 덜미소리(뱃속에서 뽑아내는 크고 높은 소리)를 질러 십리 밖에까지 들렸다고 한다. 이런 성음을 당시에 '고동상성(鼓動上聲)'이라 하였다. 신재효는 그 느낌을 '설상(雪上)에 진서리 치는 듯'이라는 말로 표현했다. 전율감을 느낄 정도라는 의미다. 말년에 앞니가 다 빠져 입술을 조정하여 소리를 했다 한다. 전치몰락(前齒沒落)의 순음(脣音) 소리는, 그의 수행고수였던 주덕기(朱德基)에 의해 세상에 알려졌다. 죽을 때까지 광대의 본분을 잃지 않았던 진짜 광대! 천년 묵은 전나무[千年檜]를 연상하게 한다.

그는 적벽가와 춘향가에 장하였다. 적벽가로는 당시 그를 당해낼 사람이 없었다고 한다. 더늠으로 춘향가 가운데 '여보 도련님, 날 다려 가오'로 시작하는 이별 대목이 전한다. 높은 소리를 계속 질러내는 그의 특징이 잘 드러난다. (去聲 泰韻, 2020. 6. 14)

감상평

어전광대 모흥갑의 예술과 인생을 한 편의 시로 승화시켰다. 사물시와 관념시의 한계를 뛰어넘어 기발한 비유를 통해 통합적 감수성을 보여주고 있다. 이성과 감성의 조화가 탁월한 통합적 기법이 나타난다.

첫 연은 모흥갑이 평양감사 부임을 축하하는 판소리 무대를 그린 팔곡 병풍도를 읊었다. '평양감사부임도'는 전기 팔명창의 활동 모습

가운데 유일하다. 관객에 둘러싸인 모흥갑이 부채를 들고 소리를 하고 고수 주덕기가 북을 치는 장면이다. 모흥갑 뒤쪽에는 '명창모흥갑'이라고 쓰여 있다.

백사는 이 모습을 "평양에서의 가연(歌演)/ 병풍 그림에 전하는데/ 봉학(鳳鶴)의 울음소리/ 십리 밖까지 들렸다네"라고 읊었다. 이때 실제로 모흥갑의 덜미소리가 십리 밖까지 들렸다고 한다. 〈광대가〉 등의 기록과 고증에 의하면, 모흥갑의 소리는 고동상성, 덜미소리, 아귀성, 설상의 진서리 치는 소리, 전치몰락의 순음, 학 울음소리 등으로 평가되어 있다. 이는 모흥갑이 가장 절륜(絶倫)한 성음의 소유자였음을 말해준다.

기성(箕城)은 평양의 옛 별호요, 봉명학려(鳳鳴鶴唳)는 모흥갑의 덜미소리를 비유한 것이다. 봉명은 저음이고 학려는 고음이다. 봉황조(鳳凰調)는 '봉'과 '황'이 서로 속삭이는 성음을 말한다. 평조와 계면조의 중간으로 "춘향아 이리 오너라"를 부를 때 이러한 소리를 낸다. 봉황은 성군을, 학은 옳고 바른 소리를 상징한다. 백사는 이 시어를 쓰면서 봉명학려가 함께 할 때 좋은 세상이 이루어진다는 것을 시사하였다. '봉명학려십리외(鳳鳴鶴唳十里外)'는 형이상(形而上) 시의 정수를 보여주는 기발한 시구다.

'특제이품견미증(特除二品見未曾)'에서 미증(未曾)은 미증유(未曾有)로 지금까지 한 번도 있어 본 일이 없음을 말한다. 어전에서 소리하고 종2품을 제수 받은 일이 전무하기 때문이다. 광대가 어전에서 소리를 하면 종9품에서 종2품직을 제수받는데 처음 공연으로 최고의 품계를 받은 것이다.

'낙치일창진광대(落齒逸唱眞廣大)'도 형이상의 진수를 보여준다. 낙치일창(落齒逸唱)은 앞니가 다 빠진 상태에서 내는 입술소리를 가리킨다. 모흥갑은 절에서 10년 독공을 할 때 1,000독을 했다고 한다. 오늘날 가수들의 연습을 훨씬 뛰어넘는다. 판소리 명창이 되기 위해서는 대개 10년 독공의 과정을 거친다고 한다. 모흥갑 역시 이런 수련 과정을 제대로 거쳤을 것으로 짐작된다. 그러므로 앞니가 다 빠졌어도 최상승의 소리를 낼 수 있었을 것이다. 수행고수 주덕기가 사람들 앞에서 모흥갑을 폄하하는 말을 듣고 전치몰락 순음으로 춘향가 중 '여보 도련님 날 데려가오' 대목을 불러 주덕기의 사과를 받았다는 일화가 전한다. 이 시를 읽으니 모흥갑과 백사의 봉명학려(鳳鳴鶴唳)가 가슴을 쩌렁쩌렁 울린다. 〈최규학〉

4
경드름을 개발한 염계달(廉季達)

尋寺途中雄雉牽
攻苦十年信蒼天
懷玉出山趨鳳闕
唱裏春色浮盎然
京畿律調誰編入
裹裹聲如戲鞦韆

벽절을 찾아가는 도중
장끼가 길을 이끌었네.
인고(忍苦)의 십 년 독공
푸른 하늘만을 믿었네.

옥 품고 산을 나와
대궐로 들어갔으니
소리에 뜬 봄빛
넘쳐흘렀으리.

경토리 누가 편입하였나
낭창낭창[7] 경쾌한 소리
그네 타는 기분이라네.

해설

　염계달(廉季達)[8] 명창은 '전기 팔명창' 가운데 한 사람이다. 고제 판소리의 중시조로 꼽힌다. 생몰연도와 출생지는 정확히 알 수 없다. 자하 신위의 〈관극절구〉 내용으로 미루어 헌종조가 전성기였음이 분명하다. 경기도 여주 출신일 가능성이 높다. 충청도 충주와 덕산은 중간에 거주했던 곳으로 추정된다. 사승 관계 역시 자세히 알 수 없다. 권삼득(權三得) 명창의 창법을 많이 본받았다는 사계 고로(故老)의 증언이 있으나 이 역시 신빙성에는 의문의 여지가 없지 않다.

　가난한 집에서 태어난 염계달은 18세에 소리 공부를 작정하고 길을 떠났다. 도중에 고전소설 『장끼전』을 습득했다. 하늘이 자신을 돕는 것으로 여긴 염계달은 기쁜 마음으로 음성 벽절에 들어가 십 년 독공에 돌입했다. '벽절'은 현재 여주의 신륵사, 음성의 가섭사(迦葉寺) 두 군데로 비정되고 있다. 신륵사의 경우, 벽돌로 쌓은 전탑이 있기 때문에 '벽절[甓寺]'이라는 별칭이 내려왔고, 음성의 가섭사는 허공에 매달린 듯 높은 곳에 있기 때문에 '벽절[壁寺]'이라 불렀다 한다. 가섭사 부근에 파주 염씨 집성촌이 있는데, 문중 관계자들은 음성 벽절이

7　褭褭(요뇨): 낭창거리는 모양.
8　이유원(李裕元)의 『임하필기(林下筆記)』 권29, 「관극시」에서는 자하 신위의 관극시를 인용하면서 이른바 '고송염모(高宋廉牟)'에 주석을 달면서 이름을 각각 밝혔는데, '염'에 대해 '염계량(廉季良)'이라고 하였다. 이것은 염계달의 다른 이름이 '계량'일 것으로 추측하기에 알맞다. 순조 27년(1827) 각도 재인들이 조정에 올린 「정해소지(丁亥訴志)」에 '염계량'의 이름이 나온다. 그런데 염계달의 활동 시기가 헌종조(1834-1849)인 점을 감안할 때, 양인은 서로 다른 사람일 가능성이 있다.

맞는다고 증언한다. 근자에는 음성의 가섭사로 기우는 듯한 움직임이다. 신륵사 같이 큰 절은 십 년 독공하기에 유리하지 않다고 본다.

십 년 동안 단벌옷으로, 죽을힘을 다해 독공을 한 그는 산에서 나오자마자 금세 명성이 널리 알려졌다. 마침내 헌종 때 어전(御前)에 나아가 수차례 소리를 했고, 종2품 동지(同知) 직함을 받았다. 그는 판소리 〈장끼전〉을 새로 짜서 선을 보였으며, 흥보가를 유난히 잘 하였다고 한다. 한편으로 당시 한양과 경기 지방에서 불리던 타령조의 가락을 판소리에 편입하여 밝고 경쾌한 느낌이 들도록 하는 데 성공하였다. 이런 가락을 '경드름' 또는 '경토리'라고 한다. 한자로는 경제(京制) 또는 경조(京調)라고 쓴다. 그는 그네를 뛰는 것 같은 흥겨운 느낌의 발성법을 개발했다. 이것이 이른바 '추천목'이다. 경드름과 추천목은 이후 고제는 물론 동편제, 서편제를 가리지 않고 명창들이 다투어 받아들였다. 몇 가지 예를 들자면, 〈춘향가〉 가운데 '자진사랑가', '남원골 한량', '이별가', 〈흥보가〉 가운데 '돈타령', 〈수궁가〉 가운데 '토끼 욕하는 대목' 등이 경드름, 추천목을 쓰는 대목이다. (下平聲 先韻, 2020. 7. 25)

감상평

전기 팔명창의 한 사람인 염계달은 판소리에 경드름을 도입한 명창이다. 경드름은 경토리라고도 한다. 토리는 '제', '조'와 같은 의미로, 판소리나 가야금 산조에 쓰이는 선율을 말한다. 판소리 선율에는 우조, 평조, 계면조, 경드름, 설렁제, 추천목 등이 있는데, 이중 경드름과 추천목은 염계달이 창시한 것이라 한다.

　염계달은 가난을 극복하고 독공하여 조선 최고의 명창 반열에 올랐다. 그는 패기가 충만한 사람이었던 것 같다. 패기(覇氣)는 영어로 그릿(grit)이다. 어떤 어려운 일이라도 해내려는 굳센 기상이나 정신을 말한다. 미국 심리학자 앤절라 더크워스가 저술한 책 『Grit(그릿)』은 2016년 최고의 책으로 선정된 바 있다.

　백사는 이 시를 3연으로 구성하였다. 제1연은 장끼전, 제2연은 화씨벽(和氏璧), 제3연은 경토리가 주제다. 염계달 명창이 판소리 〈장끼전〉을 경토리로 잘 불러서 화씨벽 같은 존재가 되었다는 것이다. 염계달 명창의 삶을 매우 명쾌하고 아름답게 표현했다. 여기서 시적 에스프리(Esprit)를 엿볼 수 있다.

　'심사도중웅치견(尋寺途中雄雉牽)'에서 '尋'은 찾는다는 의미다. 여기서는 불교의 심우도(尋牛圖)의 '심'과 같은 의미로 보인다. 그렇다면 염계달의 판소리 여행이 일종의 구도의 과정과 같음을 중의한 것이다. 염계달은 이 절에서 십 년 독공 끝에 심우(尋牛), 견적(見跡), 견우(見牛), 득우(得牛), 목우(牧牛), 기우귀가(騎牛歸家), 망우존인(忘牛存人), 인우구망(人牛俱忘), 반본환원(返本還源), 입전수수(立廛垂手) 열 과정을 모두 마치고 명창의 반열에 오르게 된다. 득음한 명창은 예전의 보통 사람이 아니다. 깨달은 사람으로 반본환원하여 세상에 나아가 입전수수로 깨달음을 전해준다는 신선, 도인, 보살과 같은 경지에 이르렀다 할 수 있다.

　염계달은 절을 찾아 가다가 길에서 이야기 책 『장끼전』 1권을 습득한다. 그 뒤 절에서 이를 판소리 사설로 다듬어 판소리 〈장끼전〉을 만들었다. 십 년 독공 끝에 득음하였다. 마침내 하산하려는데 옷이 없어 걱정하면서 〈흥보가〉 중 가난타령을 불렀더니, 그 때 마침 불공드리러 왔던 충주목사의 애첩이 옷과 돈냥을 주었다고 한다. 이 인연으로 관아(官衙)에서 판소리 〈장끼전〉을 불렀고, 이후 명성을 얻게 되어 어전명창에까지 이르게 된다.

'회옥출산추봉궐(懷玉出山趨鳳闕)'은 염계달이 득음하여 최고의 음공을 갖춘 것을 화씨지벽으로 비유한 것이다. 염계달은 헌종 때 어전에서 소리를 하여 종2품 동지(同知) 직함을 받았다. 염계달이 옥을 캔 변화(卞和)라면 헌종은 옥의 가치를 알아본 초문왕(楚文王)이라 할 수 있겠다.

'요뇨성여희추천(裊裊聲如戲鞦韆)'은 비유법 중 의성어와 의태어를 융합한 고품격의 시구다. "낭창낭창 경쾌한 소리 그네 타는 기분이라네." 판소리에 경토리를 편입한 염계달의 소리를 이보다 더 잘 표현할 수는 없을 것 같다. 소리와 이미지가 동시에 가슴을 흔든다. 〈최규학〉

5
자존심의 명창 박만순(朴萬順)

歌王門庭第一顔
天縱聲音直透關
雲峴宮主知遇渥
名振京鄕搢紳間
自高守操技不賣
往往見憎殆無患

가왕(歌王)의 문하에서
맨 먼저 꼽는 간판급 얼굴.
하늘이 맡긴 성음으로
곧장 득음의 관문 뚫었네.

대원군의 지우(知遇)가
매우 두터웠으며
경향의 벼슬아치들 사이에
이름을 떨쳤다고 하네.

자신을 높이고 지조를 지켜
재주를 팔지 않았다는 분.
왕왕 미움을 받기도 했지만
거의 걱정하지 않았다 하네.

해설

박만순(1830-1898?) 명창은 전라북도 고부군(古阜郡: 오늘의 정읍시) 출신이다. 이른바 '후기 팔명창'의 한 사람으로 꼽힌다. 그의 활동 사항은 정노식의 『조선창극사』에 의지해야 할 정도로 연구 자료가 빈약하다. 처음 주덕기의 문하에서 일시 판소리를 배웠다. 이어 가왕 송흥록에게 나아가 온갖 고생을 하며 약 10년가량 집중적으로 수학하였다. 좋은 성음을 타고난 데다 득음을 위해 피나는 노력을 한 끝에 그 관문을 뚫었다. 성량이 매우 풍부하여 소리를 높이 지르면 몇 마장 밖에까지 들렸다는 일화가 있다. 모든 음역을 넘나드는 성음, 좌중을 휘어잡는 카리스마, 작곡 능력 등 뛰어난 기량을 갖춘 명창으로 널리 알려졌다. 흥선대원군의 지우(知遇)를 입었는데, 운현궁 노안당(老安堂)은 대원군과 대명창들이 만나는 장소였다. 대원군은 그에게 '선달(先達)' 칭호를 내렸다. 모홍갑과 송흥록에 비해서는 낮은 예우다.

박만순은 송흥록의 적통을 이은 동편제의 거장(巨匠)이다. 국창(國唱)의 일컬음이 있을 정도로 위상이 높다. 그는 소리하는 사람이지만 유가(儒家)의 풍모가 있었으며 언행을 가볍게 하지 않았다. 기예를 파는 행위를 경멸하였다. 자신의 마음에 들지 않을 경우 고관대작이라 할지라도 청을 거절하였다. 또한 다른 명창의 소리에 대하여 준엄하게 비평을 하는 경우가 많았다. 이 때문에 남에게 오해를 사고 시기 질투를 받는 경우가 적지 않았다.

그는 맑고 밝은 성음으로 우조(羽調) 중심의 소리를 하였다고 한다. 소리의 특색은 '진중(鎭重)'과 '정대(正大)'로 요약할 수 있겠다. 이는 유가적 풍모와도 무관하지 않을 성싶다. 식자층의 칭예를 주로 받았다고 함은 어쩌면 당연할지도 모르겠다. 판소리 다섯 바탕에 두루 능했는데, 춘향가의 〈사랑가〉·〈옥중가〉 대목, 적벽가의 〈화용도(華容道)〉·〈장판교대전(長板橋大戰)〉 대목이 주특기였다고 한다. 〈옥중가〉 가운데 '춘향의 몽유(夢遊)' 대목의 더늠이 『조선창극사』에 실려 있고, 〈토끼화상〉 대목은 김창룡의 음반을 통해 전한다. 그의 훈도(薰陶)를 입은 사람이 적지 않지만 직계 제자라 할 명창으로는 오끗준·유공렬(劉公烈: 1864-1927)을 꼽을 수 있다. (上平聲 刪韻, 2020. 5. 22)

6
광대 가르친 사부(師傅) 신재효(申在孝)

蘭溪百源異後先
雅俗作伴乃得全
身從梨園法部役
桐里翩翩彩鳳連
繼開功傳千載下
廣大歌中寄奧詮

앞에는 박난계(朴蘭溪)
뒤에는 신백원(申百源).
아와 속이 짝을 이루니
이에 온전하게 되었네.

자신이 맡은 역할
이원법부[9]의 그것이라.
벽오동마을에 채봉이 훨훨
잇달아 날아들었네.

계왕개래(繼往開來)[10]의 공
천년 뒤에도 전해질 분.
광대가(廣大歌) 속에
심오한 이론 기탁하였네.

해설

동리(桐里) 신재효(申在孝: 1812-1884)는 전라북도 고창 출신이다. 자는 백원(百源), 본관은 평산(平山)이다. 아버지 뒤를 이어 고창현의 아전을 지냈다. 학식과 교양이 넉넉하여 고창의 향반(鄕班)들과 두루 사귀었고, 뒷날 빈민 구제를 위해 힘쓴 공로로 통정대부 오위장(五衛將)에 임명되었다. '신오위장(申五衛將)'이란 별칭은 이렇게 해서 생긴 것이었다. 오십 대 중반에는 아전을 그만두고 판소리 세계에 뛰어들었다. 든든한 재력을 기반으로 자신의 '동리정사(桐里精舍)'에 소리청을 두고 각지의 소리꾼들이 모여들게 했다. 숙식을 제공하며 그들로부터 들은 판소리 사설을 채록하는 등 내용을 체계적으로 정리해 나갔다. 소리꾼에 대한 지원과 전문적인 판소리 교육이 세간에 알려지자 동·서편의 유명한 명창들, 즉 김세종·이날치·정창업·박만순 등 수많은 사람들이 동리정사를 찾았다. 고창현의 기생 80여 명이 신재효의 제자가 되어 여류 명창의 출현을 예고하였다.

신재효가 동리정사에서 벌인 사업은 다음과 같다. ① 전래의 고전 소설에 대한 깊은 연구를 바탕으로 판소리 여섯 바탕의 사설을 정리하였다. 합리성·윤리성·흥행성 세 가지가 기준이었다. 여섯 바탕 가운데 변강쇠타령은 오늘날 전승이 끊겼다. ② 판소리의 연극적 측면의

9　梨園法部: 중국 당나라 현종(玄宗) 때 궁중에 설치하였던 음악 교육 관서(官署). 줄여서 '이원' 또는 '법부'라고 한다. 가무(歌舞)-주로 민속악-를 전문적으로 가르쳤다. 우리나라에서는 교방(敎坊)을 대신하는 말로 사용되어 왔다.
10　繼往開來: 선대의 일을 이어받아 후세에 전함.

중요성을 부각시켰다. ③〈광대가〉를 지어 판소리의 이론을 정립하였다. 오늘날 판소리 이론의 태반이 이에 근거한다. 신재효는〈광대가〉에서 소리꾼이 갖추어야 할 네 요소로, 인물치레, 사설치레, 득음(得音), 너름새를 들었다. 그는 자신의 이론을 뒷받침할 명창을 영입하여 실기를 겸비하도록 하였다. 동편제의 거장 김세종이 당시 소리청의 사범이었다. ④ 진채선·허금파 등을 데뷔시켜 이후 여류 명창이 판소리계에 진출하는 발판을 만들었다.

신재효의 문하에서 수많은 제자들이 배출되었다. "어전광대가 되려면 신재효의 문하를 거쳐야 한다"는 말이 나올 정도였다. 그가 살았던 고창은 남원과 함께 판소리의 성지가 되었다. 정노식은 『조선창극사』에서 그를 평하여 "엄연히 학자의 조행(操行)이 있었다"라 하고, 또 "고금 창극조를 개찬윤색(改纂潤色)하여 우조·계면조가 각기 그 바름을 얻고, 낙이불음(樂而不淫) 애이불상(哀而不傷), 정위(鄭衛)의 난속(亂俗)으로 하여금 주남(周南)·소남(召南)의 정풍(正風)으로 돌아가게 하여 예술문화상 일대 유신(維新)의 기운을 작(作)하였으니, 이는 다 한학(漢學)의 수양으로부터, 가장 삼백편(三百篇)에서 그 득력처(得力處)를 발휘한 것이라"고 하였다. 최고급의 평가다.

신재효가 나와 판소리를 정립함으로써 이윽고 '아속작반(雅俗作伴)'의 온전함[全]을 얻게 되었다. 5백 년간 내려온 아(雅)의 한 축에다 속(俗)의 다른 한 축이 나란히 함께 선 것이다. 근세 판소리 발전에 지대한 공헌을 한 신재효의 공은 조선 전기의 난계(蘭溪) 박연(朴堧: 1378-1458)에 못지않다고 할 것이다. (下平聲 先韻, 2020. 6. 16)

감상평

　판소리를 집대성한 동리 신재효를 기리는 시다. 여섯 구에 동리의 사상과 업적을 화씨벽처럼 표현하였다. 3연의 구성으로, 제1연은 음악사에서의 위상을, 제2연은 교육상의 업적을, 제3연은 학문상의 성과를 기렸다.

　첫 연에 나오는 '난계(蘭溪)'는 박연(朴堧)의 호다. 박연은 세종을 도와 악서 편찬, 아악기 제작, 아악 제도의 정비 등 많은 업적을 이루었다. 순임금 시대 음악가인 기(夔)에 비견되고 고구려 왕산악(王山岳), 신라 우륵(于勒)과 함께 우리나라 삼대 악성(樂聖)으로 불린다. '백원(百源)'은 신재효의 자다. 첫 구에서 백사는 난계의 궁중음악=아악 정비와 백원의 민속음악=판소리 정비를 두 기둥으로 대비하고 융합하여 표현했다. 이는 제3연에서 다시 부연된다.

　제2연에서는 신재효가 자신의 집 동리정사에 소리청을 설치하고 판소리를 가르친 사실을 격조 있게 비유하였다. 이원법부(梨園法部)는 『당서』「예악지(禮樂志)」에서 인용한 말이다. '이원(梨園)'으로 줄여서 말하기도 한다. 중국 당나라 때 궁정의 가무 예인(歌舞藝人)을 가르치고 훈련하던 곳이다. 배우들의 사회나 연극계를 이르는 말로도 사용되어 왔다. '동리편편채봉련(桐里翩翩彩鳳連)'은 이 시의 백미다. 눈이 번쩍 뜨이는 구절이다. 동리(桐里)는 신재효의 호이지만 '벽오동마을'이라는 감성어로 풀었다. 채봉(彩鳳)은 빛깔 고운 봉황으로, 신재효의 뛰어난 제자들을 가리킨다.

　제3연에서 '계개(繼開)'는 과거를 이어서 미래를 열어준다는 뜻이다. 주희(朱熹)가 『중용』 서문에서 공자(孔子)를 기리면서 한 말로, 원문은 '계왕성 개래학'(繼往聖開來學)이다. 공자가 전대의 성인인 요(堯)·순(舜)·우(禹)·탕(湯)·문(文)·무(武)·주공(周公)의 도를 집대성하여 후대의 학자인 안자(顔子)·증자(曾子)·자사(子思)·맹자(孟子)에게 전하여 도통(道統)이 끊이지 않게 한 것을 기린 말이다. 이는 백사가 신재효를 공자나 주자, 퇴계와 같이 계개(繼開)의 역할을 한 판소리계의 위대한 어른으로 표현한 것이다. 그 근거로 〈광대가〉를 들었다.

신재효의 〈광대가〉에는 판소리의 이론이 미학적 관점에서 체계화되어 있다. 조선 판소리의 가치를 중국 송옥(宋玉)의 〈고당부(高堂賦)〉를 비롯한 유명 시인들의 작품에 못지않음을 부각시키고, 조선 명창들을 당송(唐宋) 문인들의 특징에 빗대 칭송하였다. 또한 광대가 지녀야 할 네 가지 조건을 인물, 사설, 득음, 너름새로 분류하면서, 인물에서는 인품과 기품을, 사설에서는 문학성을, 득음에서는 발성법을, 너름새에서는 연기력을 중시하였다. 이 점에서 신재효의 위대함을 엿볼 수 있다.

신재효는 판소리 여섯 바탕을 정리하였다. 서민들의 해학과 눈물 속에 교훈과 가치를 집어넣어 창극화를 시도하였다. 오늘날 그는 '한국의 셰익스피어'로 불린다. 2003년 한국의 판소리는 유네스코 세계무형유산에 등재되었다. 동리 신재효의 업적을 '계개(繼開)'라는 한 단어에 집약한 백사의 혜안에 감탄하며 백사의 노력 또한 그와 같을 것으로 기대한다. 〈최규학〉

7
춘향가의 독보 김세종(金世宗)

唱家師範開丈席
構歌會心春香劇
桐里佇待出藍靑
契託知音情莫逆

창가(唱家)의 사범
스승 자리[1]를 열었네.
소리 짜서 마음에 맞으니
봄 향기가 대단하였네.

동리 선생이
청출어람 기대했던 분
지음(知音)끼리 의탁하며
막역한 정 나누었다네.

해설

　　김세종(?-?)[12] 명창은 전라북도 순창 출신이다. 예인 집안에서 태어나 운명적으로 판소리에 입문하였다. 그는 동편제의 거장으로, 판소리 춘향가의 최고봉이다. 그가 짠 춘향가는 음악성, 사설 등에서 다른 어떤 바디보다 우수하다는 평을 받는다. 정밀한 구성은 '신의 도움'을 받은 게 아닌가 하는 생각이 들 정도다. 오늘날 춘향가는 동·서편을 가리지 않고 대개 그의 바디를 따르고 있다. 본디 서편제였던 정응민 집안의 소리가 '보성소리'로 새 출발하는 데 지대한 영향을 끼쳤다. 판소리사에서 그는 '춘향가의 백세종주(百世宗主)'라고 하겠다. 이 의미가 그의 이름에 들어 있다. 그의 춘향가가 정교한 짜임새를 갖춘 데에는 스승이자 동료인 신재효의 가르침이 컸을 것이다.

　　김세종은 송우룡·박만순과 같은 시기의 명창으로 동편제의 삼두마차였다. 당시 박만순의 권위 앞에서 거의 모든 명창이 말을 붙이지 못하였지만, 그는 남의 소리에 시비장단을 거리낌없이 논하였다. 이에 대해 박만순도 경청하곤 했다 한다. 1867년 경복궁 낙성연에 참여한 뒤 한양에 눌러 살면서 대명창으로 대접을 받았다. 생활이 비교적 넉넉하였을 것으로 짐작된다. 회갑이 넘어 고향 순창으로 내려왔는데,

---

11　丈席: 스승 또는 스승의 자리. 스승과 제자의 자리는 한 길 정도 거리를 둔다는 데서 나왔다. 『예기(禮記)』「곡례(曲禮)」 참조.
12　일부 사전류에는 '1825-1898년'으로 되어 있으나 분명하지 않다. 1885년 전라감영에서 벌인 잔치의 수입 지출 내역을 적은 「연수전하기(宴需錢下記)」에 김세종이 받은 소리채가 기록되어 있다.

거주지를 여러 번 옮길 정도로 생활이 안정되지 못하였다.

그는 이른 시기에 동리 신재효를 찾아가 가르침을 받았다. 김세종은 신재효를 만나 판소리를 더욱 이론적으로 체계화할 수 있었고, 신재효는 김세종을 만나 문정(門庭)을 넓히고 소릿속을 제대로 탐구할 수 있었다. 신재효는 김세종의 스승이면서 백년지음(百年知音)이다. 김세종은 동리가단(桐里歌壇)의 사범(師範)이다. 신재효의 제자 가운데 김세종에게 배운 사람이 다수다. 장재백(張在伯: 1852-1907)[13]과 허금파(許錦波: 1866-1949)[14]는 김세종의 직계 제자다. 이선유 역시 김세종의 가르침을 받아 소리를 완성할 수 있었다고 한다. 허금파는 신재효에게도 배웠다.

판소리에 대한 신재효의 식견과 이론은 『조선창극사』에 기술되어 있다. 그의 이론을 짧게 요약하자면 "판소리는 창을 주체로 하여 그 짜임새와 말씨를 놓는 것, 창의 억양반복(抑揚反復), 고저장단(高低長短)을 규율에 맞게 하여야 하며, 형용 동작을 등한히 해서는 안 된다"는 것이다. 소리만 중요한 것이 아니라 극적(劇的) 효과까지 수반되어야 함을 강조한 것이다. 판소리 하는 사람들이 반드시 알아야 할 '창가수지(唱家須知)'가 아닐 수 없다. 오늘날에도 판소리계에 준칙처럼 내려온다. 판소리의 정체성을 수립하는 데 큰 공을 세웠다고 하겠다.

그의 특장은 춘향가다. 〈천자뒤풀이(千字-)〉는 당대부터 지금까지

---

13 생년 '1852년'은 호적에 따른 것이다. 정노식의 『조선창극사』에서는 그의 이름을 '자백(子伯)'으로 잘못 기술하였다.
14 생몰연대는 후손의 증언에 따른 것이다.

거의 독보(獨步)로 평가를 받아왔다. 그 더늠은 동편제는 물론 서편제에서도 대부분 수용하였다. (入聲 陌韻, 2020. 6. 2)

감상평

조선 최고의 소리꾼 김세종 명창을 기린 시다. 김세종 명창을 청출어람의 사례로 등장시켰다. 또한 김세종과 신재효의 관계를 소재로 스승과 제자에 대한 화두를 던졌다. 사범(師範)과 스승(丈席), 청출어람(出藍靑), 지음(知音)과 막역지우(莫逆之友)가 핵심어다. 낯익은 개념들을 묘하게 연결하여 새로운 의미를 던졌다.

첫 구는 "창가(唱家)의 사범, 스승 자리를 열었네[唱家師範開丈席]"이다. 이는 김세종이 신재효 소리청의 사범에서 더 나아가 판소리계의 스승으로 받들어졌던 그 의미를 되새긴 것이다. '사범'이 학술, 무술, 기예를 가르치는 사람이라면 스승(丈席)은 학문과 덕망이 높은 사람을 의미한다. 흔히 "요즘 세상에 선생은 있어도 스승은 없다"고들 하는데, 이는 지식을 가르치는 선생은 있어도 정신을 가르치는 스승이 없는 세태를 풍자하는 말이다. 이 구절에서 김세종을 빌어 단순한 선생이 아니라 스승의 자리를 열어야 한다는 소신을 아울러 피력하였다. 스승에 대한 전통적인 표현은 '군사부일체(君師父一體)'이다. 춘추전국시대 역사서인 『국어』 중 「진어(晉語)」에서 유래한다. 미국에서 나온 스승 개념은 양질의 교사(HQT: High Quality Teacher)이다. 이는 수업만 잘하는 교사가 아니라 수업도 잘하고 인품도 훌륭한 교사를 의미한다.

제2구는 "소리 짜서 마음에 맞으니 봄 향기가 대단하였네[構歌會心

春香劇]"이다. 이는 김세종이 판소리 구성을 잘하였는데 특히 춘향가가 최고였음을 높이 평가한 것이다. 특히 '춘향'을 논리적 어휘인 춘향과 감성적 어휘인 봄 향기로 중의(重意)함으로써 시적 흥취를 높였다. 조탁 능력이 돋보인다. 실제로 김세종의 춘향가는 독보적이다. 박자와 박자 사이의 부침새가 좋고, 소리의 색깔과 변화가 분명하며 격조 높은 분위기를 자아내는 것으로 유명하다. 그는 이로써 오늘날까지 동편제와 서편제를 아우른 최고의 명창으로 평가받고 있다.

제3구는 "동리 선생이 청출어람 기대했던 분[桐里佇待出藍靑]"이다. 동리 신재효는 자신의 집 '동리정사(桐里精舍)'에 소리청을 만들고 김세종을 사범으로 영입한 뒤 수많은 제자를 길러냈다. 신재효는 판소리의 체계를 세우고 정리한 판소리계의 대부(代父)다. 그가 정리한 판소리 다섯 바탕이 오늘날 온전히 전하고 있다. 청출어람(靑出於藍)은 『순자(荀子)』「권학(勸學)」편에서 유래한다. 이는 제자가 스승보다 낫다는 뜻으로 인용된다. 『북사(北史)』「이밀전(李謐傳)」에 나오는 '학무상사(學無常師)', 즉 배우는 데는 고정불변의 스승이 없다는 말과 비슷한 맥락이다. 그렇다고 제자가 스승을 존경할 필요가 없다는 뜻은 결코 아니다. 백사는 첫 구에 사범(師範)과 장석(丈席), 끝 구에 지음(知音)과 막역(莫逆)을 배치하여 이 문제를 해결하였다.

끝 구에서 "지음끼리 의탁하며 막역한 정 나누었다네[契託知音情莫逆]"라 하였다. 김세종과 신재효가 사제지간에서 지음(知音)과 막역지우(莫逆之友)로 승화되었다. 이 구절은 '스승과 제자란 무엇인가'라는 화두에 대한 백사의 답이다. 모든 인간관계는 지음과 막역지우로 승화될 때 완성된다는 진리를 설파한 것이다. 〈최규학〉

8
서편제의 비조(鼻祖) 박유전(朴裕全)

天遣隻眼賜美聲
側調哀婉莫與京
第一江山華名耀
西派枝葉繁且盛

하늘은 애꾸눈 사내를 보내면서
아름다운 목소리를 주었지.
계면조[15] 슬프고 구성진 소리
비교할 상대가 없었다네.[16]

'천하제일 강산'
화려한 명성 역사에 빛나는데
서파(西派)의 가지와 잎
번성하기도 하여라.

해설

　서편제의 비조 박유전(朴裕全: 1835-1906)은 전라북도 순창군 복흥면 출신이다. 후기 팔명창 가운데 한 사람이다. 순창 출신 명창으로는 동편제의 김세종(金世宗)·장재백(張在伯)이 있다. 어려서 한쪽 눈을 잃고 실의의 나날을 보내다가 판소리를 배우던 형의 뒤를 이어 소리에 입문하였다. 천구성을 타고난 그는 일취월장하였다. 소리 공력을 탄탄하게 쌓아 마침내 '일목명창(一目名唱)'으로 이름을 얻었다. 후배 명창 박기홍(朴基洪)이 외눈으로 대명창이 된 경우와 비슷하다. 누구에게 소리를 배웠는지는 알 수 없다. 일설에는 모홍갑의 지도를 받았다고도 한다.

　박유전은 25세 때 전주대사습대회에서 명성을 얻었다. 그 뒤 한양으로 올라가 마침내 명창 반열에 들어섰다. 흥선대원군의 총애가 두터워 운현궁 노안당(老安堂)에 자주 드나들었다. 대원군은 그에게 선달(先達) 직첩을 내렸고 오수경(선글라스 같은 검은 안경)과 황금 토시를 선물로 주었다. 또한 박유전의 소리를 듣고 "네가 천하제일 강산이다"라는 극찬을 하였다고 한다.

　박유전은 성품이 단정하고 식자(識字)가 있었던 것 같다. 대원군과 운현궁 사랑방에 드나들던 사대부들이 그를 좋아하였다. 사대부들과

15　側調(측조): 계면조와 통하는 말. 중국의 고악(古樂)에 청조(淸調)·평조·측조 삼조(三調)가 있었다. 청조는 오늘날 우조(羽調)와 통한다.
16　莫與京: 함께 비교할 대상이 없음. '京'은 비교하다.

판소리에 대한 견해를 교환하기도 했다 한다. 박유전의 판소리가 전아한 사설, 고조(古調)의 가락으로 유명한 사실에 비추어볼 때, 당시 사대부들의 견해가 박유전의 소리에 적지 않게 영향을 끼쳤을 것으로 짐작한다.

　박유전은 서편제의 비조로 받들어져 왔다. 판소리사에서 그의 위상은 동편제의 시조 송흥록에 못지않다. 박유전의 소리는 계면조 중심이다. 평조와 우조 중심의 동편제 소리와는 차이가 있다. 기교를 중시하여 섬세하고 애완(哀婉)한 것이 특성이다. 감칠맛이 있고 구성지다. 그는 사설과 가락을 새로 짜서 자신의 소리를 만들었다. 뒷날 이를 강산제(江山制)라고 일컫는다. 그의 소리 양식은 서편제의 기본 골격을 이루었다. 심청가가 가장 짜임새가 좋다고 한다. 오늘날에도 보성소리의 심청가는 박유전의 소리를 바탕으로 한다.

　박유전이 언제 보성으로 내려갔는지, 낙남(落南) 시기는 자세하지 않다. 보성은 순창에서 200리가량 떨어진 곳이다. 일설에는 주변의 천시를 못 이겨 18세 때 옮겨 갔다고 한다. 다른 일설에는 흥선대원군이 실각한 뒤 낙향하다가 보성 출신 정재근(1853-1914)을 만나 그와 함께 보성으로 내려와 정착하게 되었다고도 한다. 그는 죽을 때까지 보성에 머물며 제자를 양성하였다. 정창업(丁昌業)·이날치·정재근·박창섭(朴昌燮) 등이 이름 있는 제자다. (下平聲 庚韻, 2020. 8. 29)

9
개천의 용 이날치(李捺致)

犁子騂角神不舍
飛魚一躍龍門下
枯木死灰方得甦
寫聲迫眞無及者

털과 뿔 좋은 얼룩소 새끼
신이 버려둘 리 있겠나.
날치가 한 번 뛰어 올라
용문(龍門) 아래 이르렀네.

마른 나무 꺼진 재가
바야흐로 되살아났네.
진짜 같은 소리 묘사
그에 미칠 사람 있을까.

해설

이날치(1820-1892) 명창은 전라남도 담양군 수북면 출신이다. 호적 이름은 경숙(敬淑)이다. 본래 남의 집에서 머슴살이를 하다가 나와 줄광대가 되었다. 몸이 날래서 날치란 이름을 얻었다. 날치는 새처럼 펄펄 나는 물고기라 해서 '비어(飛魚)'라고도 한다. 이어 동편제의 거장 박만순의 수행고수로 소리판을 전전하면서 판소리의 묘미를 스스로 터득해 갔는데, 함부로 대하는 박만순과 끝내 결별하고 서편제의 거장 박유전의 문하에 들었다. 19세기 후반, 박만순·김세종(金世宗)과 서로 경주하듯 나란히 달렸으니[竝驅競逐], 실로 '트로이카'라 이를 만하다.

이날치는 남달리 배포가 크고 기예가 비범하였다. 우선 타고난 수리성에다 성량이 풍부하였다. 또한 온갖 소리를 묘사함에 진짜와 구별하기가 어려울 정도였다. 특히 나발소리와 새소리에 뛰어났다. 〈새타령〉을 부를 때는 실제로 새가 날아들었다는 전설이 생겨날 정도다. 그는 사성법(寫聲法)에 각별히 유념한 최초의 명창이었다. 〈새타령〉은 절세의 성음으로 이동백 명창에게 전해졌다. 이동백의 〈새타령〉 음반을 통해 진면목을 간접적으로 엿볼 수 있다.

그는 늘 우조와 계면조를 적절히 구사하면서 소리판의 극적 변화에 유념하였다. 애원조의 슬픈 가락으로 노래하다가 익살과 해학 넘치는 장면으로 청중을 인도하여 환호성을 터뜨리게 하였다. 그의 소리 앞에서는 웃지 않기로 유명한 포사(褒姒)마저도 웃을 지경이었던 것 같다. 아들과 손자를 잃고도 슬픈 표정을 짓지 않았던 이최응(李最應:

홍선대원군의 형) 앞에서 심청이 인당수에 빠지는 대목을 불러 끝내 눈물을 흘리게 하였다는 일화가 유명하다. 이런 대명창에게 대원군은 '선달(先達)'의 칭호를 내렸다.

한편, 당대의 대명창 박만순 앞에서는 그 누구도 판소리에 대해서 이러쿵저러쿵 말 한 마디 못 붙였는데, 이날치 홀로 자신의 소견을 기탄없이 말하였으며 제 생각대로 소리를 하였다고 한다. 그가 남녀노소, 존비귀천을 막론하고 대중에게 칭찬을 받은 데는 이유가 있었던 것이다. 이날치의 소리는 제자 김채만(金采萬: 1865-1911)·강용환(姜龍煥: 1865-1938)을 거쳐 박동실(朴東實: 1897-1968) 등에게로 이어져 오늘날에도 서편제 중심축의 하나를 이루고 있다. 춘향가·심청가를 특히 잘했으며, 춘향가 중 〈망부사(望夫詞)〉 대목이 더늠으로 전한다.

『논어』「옹야(雍也)」편에 보면 공자가 제자 중궁(仲弓: 冉雍)에 대하여 "얼룩소의 새끼가 색깔이 붉고 뿔이 제대로 났다면, 비록 쓰지 않으려 해도 산천의 신이 어찌 버려두겠는가?[子謂仲弓曰: 犁牛之子, 騂且角, 雖欲勿用, 山川其舍諸]"라고 평한 대목이 있다. 출신 성분이 낮은 사람에게 '개천에서도 용이 날 수 있음'을 설파한 것이 아닐 수 없다. 이는 이날치 같은 경우를 두고 한 말이라고 본다. (上聲 馬韻, 2020. 5. 25)

감상평

개천의 용 이날치 명창을 기린 시다. 이날치를 이우지자(犁牛之子)와 재[灰]로 은유하여 운명 담론(運命談論)의 '키'로 사용하였다. 이날치는 이름도 어류인 날치다. 비천한 집안의 자식이었으나 타고난 운명을 거역하고 판소리계를 평정하였다. 남녀노소 빈부귀천을 초월한 팬덤을 확보한 가객(歌客)이었다.

제1구에서 "털과 뿔 좋은 얼룩소 새끼 / 신이 버려둘 리 있겠나[犂子騂角神不舍]"라 하였다. 『논어』의 내용과 시가 만나는 황홀한 광경이다. 이 시 전체가 이 구절의 연환(連環)[17]으로 구성되었다. 이 문장은 공자가 제자 중궁을 평하여 말한 고사를 활용한 것이다. 비록 얼룩소가 낳은 송아지라도 털빛이 붉고 뿔도 바르게 자랐다면 성스런 제사에 희생 제물로 사용하지 못할 이유가 없다는 뜻이다. 중궁은 염옹(冉雍)의 자(字)다. 아버지는 천민이고 품행이 좋지 못했지만 아들 염옹은 공자가 임금 자리를 맡길 만하다고 평가할 정도였다. 이것은 바로 이 날치에게 그대로 적용되는 내용이다. 이날치 역시 미천한 신분으로 태어났으나 자신의 노력으로 신분의 굴레를 어느 정도 벗어난 역사적 인물이기 때문이다.

백사는 이 구절을 쓰면서 이백이 〈장진주(將進酒)〉에서 "하늘이 나 같은 재목을 낳았으니 반드시 쓰일 데가 있을 것이다[天生我材必有用]"라고 한 말이나, 교산 허균이 〈유재론(遺才論)〉에서 "옛 현자는 미천한 데서 많이 나왔다[古之賢才, 多出於側微]"고 한 말을 염두에 두었을 것이다. 오늘날은 흙수저가 금수저 되는 것이 불가능한 시대라고 한다. 그러나 교육자요 학자인 백사는 고사를 들어 최저급 흙수저에서도 최고급의 금수저가 나올 수 있음을 역설하였다.

---

17 고리를 여러 개 잇대어 꿴 쇠사슬.

다음으로 눈여겨 볼 것은 "마른 나무 꺼진 재가 바야흐로 되살아났다네[枯木死灰方得甦]"라고 한 대목이다. 방점은 '사회득소(死灰得甦)'에 찍혔다. 꺼진 재가 되살아났다는 것은 첫 구의 '이우지자 성차각(犁牛之子, 騂且角)'을 달리 표현한 것이다. 꺼진 재는 천한 얼룩소 새끼요, 되살아난 것은 색이 붉고 뿔이 바르게 자란 성스런 송아지다. 재는 시련과 단련을 통해 부활하는 노정의 최종 시점을 가리키는 화두다. 얼룩소는 재가 되지 않으면 붉은 소가 될 수 없다. 불사조도 타고 남은 재 속에서 장엄하게 부활한다. 백사는 이날치가 생전에 이미 불사조가 되었음을 시사하였다.

이날치는 백 년 전에 홀로 용문 아래 이르렀다. 오늘날은 누구나 용문에 오를 수 있다. 이를 에둘러 호소하는 백사에게서 탁탑천왕(托塔天王)[18]의 위용이 느껴진다. 〈최규학〉

---

18 불교에서 말하는 사천왕(四天王) 가운데 하나. 석가여래에게 받은 탑을 항상 손에 받치고 있다 한다.

10
'도리화가'의 주인공 진채선(陳彩仙)

桃李花開起胸波
梧桐葉落成悲歌
渠是早春紅一點
天葩動人不須多

복사꽃 오얏꽃 필 땐
가슴속 물결 일으키더니
오동 잎 떨어질 적엔
슬픈 노래가 되었구나.

그는 이른 봄의
붉은 꽃 한 점이었다.
천파[19]가 사람들 설레게 하니
많은 꽃 필요 있겠나.

해설

　진채선(陳彩仙: 1847-?)은 전라북도 고창 출신이다. 판소리 3백년 사에서 '최초의 여류 명창'으로 자리매김된다. 일찍이 신재효(申在孝)의 문하에 들어가 음률과 가무, 판소리를 배우고, 그의 아끼는 제자가 되었다. 1867년 경복궁 낙성연에서 남장(男裝)을 한 채 판소리를 연창하여 좌중을 감탄케 하였다 한다. 그녀는 이 일로 흥선대원군의 눈에 들어 운현궁(雲峴宮)에 남아야 하는 운명을 맞았다. 1873년 대원군이 실각한 뒤에도 신재효와 만나지 못하였다. 신재효가 지은 가사에 〈도리화가(桃李花歌)〉가 있다. 겉으로는 아름다운 봄 경치를 노래한 듯하지만, 속을 들여다보면 진채선을 그리워하는 가슴 아픈 사랑 노래다. 신재효와 진채선의 아름다운 스토리는 2015년에 〈도리화가〉라는 제목의 영화로 만들어졌다. 나도 두 사람의 사랑 노래를 칠언시에 담아보고 싶었다. 신재효가 진채선에게 보내는 형식을 빌어서.

　시를 구상하는 과정에서 왕안석(王安石)의 시라고 알려진 〈영석류화(詠石榴花)〉 두 구절이 머릿속에서 계속 맴돌았다. "무성한 푸름 속에 붉은 점 하나 / 사람 마음 움직이는데 춘색이 많을 필요가 있을까.[萬綠叢中紅一點, 動人春色不須多]" '홍일점(紅一點)', '불수다(不須多)' 여섯 글자에 꽂혔다. 모티브로 삼을 만하였다. (下平聲 歌韻, 2020. 8. 21)

19　天葩(천파): 하늘이 낸 꽃. 천화(天花).

감상평

　진채선과 신재효의 사랑을 이보다 더 감동적으로 표현하기 힘들 것 같다. 김삿갓이 가련(可憐)이란 기생에게 준 〈가련기시(可憐妓詩)〉, 서경덕이 황진이에게 준 시조 〈만중운산(萬重雲山)〉보다 훨씬 감동적이다. 왕안석의 〈영석류화〉에 견주어도 손색이 없는 작품이다.

　신재효가 진채선과 이별한 뒤 지었다는 〈도리화가〉를 인용하여, 신재효의 마음에 사랑의 파문을 일으키는 진채선을 도리화로, 대원군에게 진채선을 빼앗긴 것을 오동 잎 떨어지는 것과 연결지어 동리에게 죽음과 같은 슬픔임을 암시하였다. 신재효의 호 '동리(桐里)'가 오버랩된다. 진채선이 사람의 마음을 움직이는 붉은 꽃 한 점이었다는 것을 왕안석의 〈영석류화〉의 '홍일점'과 '불수다'에 착안하여 그려냈다. 신필(神筆)의 경지라 하겠다. 원시를 능가하는 감동을 준다. 진채선이 신재효의 마음만 움직였으면 좋으련만, 대원군의 마음도 움직였기에 신재효에게는 재앙이 되었음을 한탄하는 작자의 마음이 뼈저리게 다가온다.

　사실을 지나치게 작위적으로 표현한 영화 〈도리화가〉보다 보편적 정서에 호소하는 백사의 시 〈진채선〉이 훨씬 더 감명 깊다. 진정한 사랑을 이해하기 위해 여러 사랑을 해보아야만 할까라는 생각이 든다. 〈최규학〉

11
하늘이 시험한 정창업(丁昌業) 二首

一失致成功
鬱憂是天試
見寵雲峴宮
哀調石碑淚

한 번의 실수가
성공을 불렀네.
우울하게 만든 것은
하늘의 시험이라.
운현궁의 총애 받으신 분
계면조 구슬픈 가락
돌비석도 눈물 흘렸다네.

西派領袖位
宋伶願學志
名入八家中
歌門永不墜

서편제 영수의 위상
송만갑도 찾아와 배웠다네.
팔명창의 한 분이시니
소리하는 가문의 전통
영원히 끊어지지 않으리.

해설

  정창업(丁昌業: 1847-1919) 명창은 전라남도 함평 출신이다. 본관은 금성(錦城). 이른바 '후기 팔명창' 가운데 한 사람이다. 12세 때부터 서편제의 시조 박유전(朴裕全)의 문하에 들어가 5년간 공부하고 다시 5년간 독공, 마침내 득음했다고 한다. 그러나 그의 손자인 정광수 명창은 박유전에게 배웠다는 설을 부인한다.

  22세 때 전주대사습놀이에 출전했다가 연창 도중 순간 사설을 잊어버려 참담한 실패를 맛보았다. 그 뒤 이날치의 충고를 받고 동리 신재효를 찾아가 2년 동안 가르침을 받았고, 1872년 26세 때 다시 대사습놀이에 나아가 이전의 부끄러움을 보기 좋게 씻었다. 이 때 심청가를 구슬프게 불렀는데, 좌중이 흐르는 눈물을 닦아 통인청(通引廳) 비석에 뿌렸더니 물이 흘렀다고 한다. "정창업의 소리에는 비석도 운다"는 말이 이때부터 생겨났다.

  이듬해 흥선대원군의 부름을 받았다. 1873년은 대원군의 십 년 세도 마지막 해로, 정창업은 운현궁에서 부른 마지막 가객이었다고 한다. 이 때 대원군은 오위장을 제수하였다. 이후에도 고종이 정3품 통정대부 직계를 내렸다고 한다. 그는 어전광대였음이 분명하다.[20]

  정창업의 소리에 대해 정노식은 "고매(高邁)하기 박(박만순)에게 비견할 수 없고, 웅혼(雄渾)하기 이날치에 미치지 못하였으나, 역시 자가

---

20 광무(光武) 연간으로부터 1909년까지 조정에서 내린 교지 5장이 장손가에 보관되어 있다 한다.

특색(自家特色)으로 일세를 용동(聳動)한 대가였다"고 하였다. 또 박황은 "성악에 대한 원리와 이론에 투철하였고 고전에도 정통하였으며, 상중하 성음을 어긋남이 없이 자유자재로 구사하면서 희로애락을 소리로 표현하는 데 신접(神接)하게 되었다"고 했다. 동편제의 대명창 송만갑이 서편제 가락의 장점을 인정하고 정창업을 찾아가 배웠던 사실은, 정창업의 위상을 간접적으로 드러내 보인다고 하겠다.

정창업은 흥보가와 심청가에 장했다고 한다. 더늠으로는 심청가 가운데 몽은사 중이 내려오는 대목이 전한다. 근대 오명창으로 꼽히는 김창환·정정렬이 그의 걸출한 제자다. 그는 정씨가문(丁氏歌門)을 처음으로 연 당사자다. 정학진(丁學珍: 1863-1912) 명창은 그의 아들이고, 중요무형문화재 제5호 판소리 예능보유자 정광수(丁珖秀: 1909-2003) 명창은 손자이며, 정의진(丁意珍: 1947-) 명창은 증손녀다. 4대째 소리를 이어 오는 가문이다. 정정렬 명창은 그의 집안사람으로, 일곱 살 때부터 정창업에게 배웠다고 한다.[21]

서편제의 시조 박유전의 소리는 세 갈래로 전승되었다. ① 박유전 → 정재근 → 정응민 → 정권진으로 이어지는 계통이다. 오늘날에는 '보성소리'라 할 정도로 세력을 이루었다. ② 박유전 → 이날치 → 김채만 → 박동실 등으로 이어지는 계통이다. 이른바 '광주소리'의 본류인데, 6.25 한국전쟁 때 박동실과 그의 제자 공기남·조상선 등이 월북함으로써 세력을 잃었다. ③ 박유전 → 정창업 → 김창환·정정렬 등으

---

21 정정렬 명창을 소개하는 글을 보면 "정정렬이 14세 때 첫 스승 정창업이 세상을 떠나 이날치에게 배우게 된다"고 서술한 경우가 많다. 이것을 근거로 정창업의 몰년을 '1889년'으로 기술하기도 한다. 본고에서 바로잡는다. 사실과 다르다.

로 이어지는 계통이다. 김창환·정정렬은 판소리의 창조적 계승을 위해 활동한 명창들이기 때문에, 정창업의 소리 법제가 어느 정도 순수하게 전승되었는지는 알 수가 없다.[22] 한편 정창업의 소리는 '제2의 가왕' 송만갑이 배우고, 김채만의 소리를 송만갑의 제자 김정문(金正文: 1887-1935)이 배워 동편제 소리에 서편제 가락을 가미하였다. 이것은 판소리 3백년사에서 특기할 만한 일이 아닐 수 없다. (去聲 眞韻, 2020. 7. 27)

---

22 정창업의 손자 정광수 역시 조부의 소리를 들었지 직접 배우지는 않았다. 정광수 11세 때 정창업이 작고한다.

12
외눈에 오수경 쓴 박기홍(朴基洪)

東嶽天柱峯
獨秀老蒼松
衆木失顏色
靄嵐淡復濃

동악(東嶽) 천주봉[23]에
홀로 빼어난 늙은 창송.

뭇나무가 본색을 잃었는데
아침 안개 저녁 이내는
엷어졌다 짙어졌다 하네.

해설

　가신(歌神)으로 불렸던 박기홍(1864?-?)[24] 명창은 전라남도 나주 출신이다. 경상남도 함양에서 다년간 거주하였다. 경상도에 판소리를 전파하는 데 그의 공이 적지 않았다. 부친이 동편제의 거장 정춘풍의 수행고수였던 관계로 정춘풍 문하에 들어가 소리제를 오롯이 이어받을 수 있었다. 한편 서편제의 이날치·김창환과는 이종간(姨從間)이라 한다. 출신 내력과 활동 반경이 간단하지 않음을 엿볼 수 있다. 그는 한 눈을 잃은 '일목명창(一目名唱)'이었다. 동편제 법통을 외곬로 지킨 것이 운명이었던 듯하다. 역대 명창들 가운데 보기 드물게 학식이 풍부하고 사율(詞律)에도 밝았다. 창법 이론에 해박, 정통하였다. 양반 출신 정춘풍에게 배운 것과 무관하지 않을 것이다. 소장(所長)은 적벽가다. 장판교 싸움, 화용도 장면은 명성이 높다. 단가로 〈대관강산(大觀江山)〉이 있는데 박기홍의 예술혼이 고스란히 담겨 있다. 박녹주가 취입한 음반으로 전한다.

　박기홍과 관련된 일화는 많다. 그는 동편제 소리를 굳게 지키면서도 동편제의 약점을 자신의 기량으로 잘 헤쳐 나갔다. 소리의 담농(淡濃)은 물론 억양(抑揚)·장단(長短)·완급(緩急)을 자유자재로 조절하였다. 청중이 싱겁다고 느낄 쯤이면 어느 순간 걸쭉한 맛으로 끌어들여 황홀경에 빠뜨렸다. 거장 송만갑의 면전에서 그의 소리에 대해 "장

23　'동악'은 태산(泰山)의 다른 말로, 중국의 오악(五嶽) 가운데 하나다. 천주봉은 태산의 정상(頂上)이다.
24　위키백과에서는 생년이 '1845년'으로 되어 있으나 근거를 알 수 없다. 사실과 다르다고 본다.

타령이고 염불이다"라고 대놓고 혹평을 할 정도였고, 이에 송만갑은 변명하면서 자리를 피하기에 급급하였다. 또 이름깨나 있는 명창들도 박기홍이 먼저 공연하는 것을 꺼려하였다. 그의 공연이 끝나면 사람들이 썰물처럼 빠져나갔다고 한다. 그는 행하(行下: 출연료)를 정해 놓고 소리를 하던 자존심 높은 명창이었다. 정노식은 그에 대해 "동파(東派)의 괴걸(魁傑)이라기보다 박만순·정춘풍 거후(去後) 고종시대로부터 근대에 이르러 유사백년(有史百年)인 동파의 법통을 혼자 두 손바닥 위에 받들어 들고 끝판을 막다시피 한 종장이다"라고 평하였다. 이쯤 되면 '소리의 신'이라는 평이 지나치지 않을 것 같다. (上平聲 冬韻, 2020. 5. 13)

감상평

백사의 관극시는 명창의 특성을 기가 막히게 잘 뽑는다. 이 시는 박기홍 명창에게 영생을 부여한 헌시(獻詩)다. 귀신 같은 박기홍 명창을 귀신 같은 글재주로 초혼(招魂)하였다.

박기홍 명창은 학식과 판소리, 정악, 그리고 거문고 등 각종 악기에 일가를 이루었다. 생존시에 '가신(歌神)' 또는 '가선(歌仙)'의 칭호를 받았다. 흥선대원군이 그의 실력을 인정하여 오수경(烏水鏡: 선글라스)을 내리고 참봉 벼슬을 제수한 것으로 알려진다. 박기홍 명창이 한 눈을 실명하였으므로 선글라스를 하사하였던 것이다.

그는 일목명창(一目名唱)이다. 그를 생각하면 일목문장(一目文章) 노사(蘆沙) 기정진(奇正鎭: 1798-1879)이 떠오른다. 기정진은 호남의 큰 유학자로 '조선 성리학 육대가'의 한 사람이다. 화원서방(畵圓書方) 즉 '그리면 원이요 쓰면 모가 난 것'이 무엇인지를 맞추었고(해=日), 이로부터 '한양의 만 눈이 장성의 한 눈만 못하다[長安萬目, 不如長城一目]'라는 말이 생겨났다.

박기홍 명창은 동편제의 종장(宗匠)으로 불린다. 그는 한 평생을 신선같이 온화하고 품위 있게 살았다고 한다. 이 시는 무한대의 찬사를 20자에 담았다. 박기홍 명창의 블랙홀인 셈이다. 시의 소재도 태산 천주봉에 있는 노송 한 그루다. 박기홍 명창의 그 많은 이야기를 한 그루의 소나무에 빗대다니 놀랍다. 이는 중국 양나라 때 유협(劉勰)이 저술한 문학 비평서『문심조룡(文心雕龍)』에서 "내용이 충실하면 자연스럽게 결실을 맺을 수 있다"고 한 말에 잘 들어맞는다.

'동악 천주봉에 홀로 빼어난 늙은 창송'은 박기홍을 최적으로 은유한 것이다. 동악은 좁게 보면 동편제일 수 있다. 동악, 천주봉, 홀로 빼어난, 창송은 하나하나가 다 박기홍 명창을 의미한다. 대처(大處)가 하나의 점으로 수렴되는 공간 구성으로 박기홍을 찬했으니 놀라운 시적 표현력이다. 동악은 태산을 말하고 천주봉은 태산의 정상이다. 두보(杜甫)의 명시 〈망악(望嶽)〉도 '태산을 바라보며'라는 의미다. 특히 〈망악〉의 끝 구절 "(공자처럼) 반드시 태산의 정상에 올라 뭇 봉우리들이 작음을 굽어보리라"는 심금을 울리는 명구다.

"뭇나무가 본색을 잃었는데 아침 안개 저녁 이내는 엷어졌다 짙어졌다 하네." 이는 박기홍 명창을 창송으로, 일반 소리꾼들을 중목으로 대비하고, 판소리계의 현실을 명멸하는 안개와 아지랑이로 표현한 것이다. 천재적인 언어 구사라 하겠다.

이 시는 후계자도 남기지 않고 녹음된 소리도 남기지 않았으나 노래의 귀신으로 남은 박기홍 명창을, 한 줄의 글도 남기지 않았으나 최고의 철학을 남긴 디오게네스(Diogenes)와 아무것도 소유하지 않았으나 최고의 부자로 남은 법정(法頂) 스님의 반열에 올려놓은 절창이라 하겠다. 〈최규학〉

13
비갑이 명창 권삼득(權三得)·정춘풍(鄭春風)

注: 大別唱優出身, 才人曰甲, 班族曰非甲也.
(창우의 출신을 대별하여, 재인을 '甲', 양반족속을 '비갑'이라고 한다)

非甲求音兩心通
前有三得後春風
髮白讀書登生進
豈若名傳藝林中

구음 여행 나선 두 비가비
마음 마음이 서로 통했으리.
앞에 권삼득이요
뒤에는 정춘풍이라네.

머리털 세도록 글 읽어도
그저 생원 진사에 올랐을 터.
이름을 예림(藝林)에 전함과
어찌 비교할 수 있으랴.

해설

조선 판소리사에 이채로운 명창들이 있었다. 이른바 비가비 출신들이다. 본디 '비갑(非甲)'인데 여기에 '사람'을 뜻하는 '이'가 붙어 '비갑이' → '비가비'로 변한 듯하다. 갑질은 양반만 하는 것이 아니다. 소리판에서는 양반 출신이 '을'이었다.

최초의 비가비 명창은 충청남도 홍성군 결성면 출신 최예운(崔禮雲: 1726-1805)이다. 근자에 그의 발자취가 드러나기 시작하였다. 이전까지는 '최선달(崔先達)'이라고만 불려왔다. 『조선창극사』에서는 그를 우리나라 판소리의 선구자로 꼽았지만 그의 창조(唱調)에 대해서는 밝히지 않았다. 그 다음으로는 설렁제소리, 〈제비가〉로 유명한 권삼득(1771-1841)이 있고, 또 50-60년 쯤 뒤에 〈화초타령〉과 〈소상팔경가〉로 유명한 정춘풍(?-?)이 있었다.[25] 권삼득은 전라북도 익산 사람으로 출신 내력이 비교적 분명하다. 이에 비해 정춘풍은 충청도[26] 양반가 출신이요 동래 정씨의 후예라고 알려질 뿐,[27] 그의 본명조차 알 수가 없다. '도처춘풍(到處春風)'이란 칭예를 받았다는 것으로 미루어, 춘풍은 별호로 보인다.

양반이 스스로 광대의 길을 걷는다는 것은 고난을 자초하는 일일 수 있다. 그러나 저들은 명리(名利)를 뜬구름처럼 여기고 이상향을 향

---

[25] 『조선창극사』에 의하면, 이날치(1820-1892), 김세종(?-?), 박만순(1830-1898?) 등과 같은 시기에 활동하였다고 한다. 목원대 최혜진 교수는 그의 생몰년을 '1834년-1901년'(향년 68세)으로 추정하였다.
[26] 박동진 명창의 증언에 의하면 공주 출신이라 한다.
[27] 『조선창극사』에서는 '진사(進士) 출신'이라고 하였으나 그대로 신뢰하기는 어렵다.

하여 떠났다. 한 평생 글을 읽어도 생원이나 진사 정도에 그쳤을 터인데, 공자의 말씀대로 '자신이 좋아하는 것'을 따랐고(從吾所好), 길이 영명(令名)을 남겼다. 어느 쪽이 '잘 사는 길'인지를 잘 보여준 사례라 하겠다. (上平聲 東韻, 2020. 5. 9)

감상평

 이 시는 비가비 명창을 관극시 화제로 다룬 데 의미가 있다. 주석에서 말했듯이 판소리계에서는 양반 출신이 갑이 아니다. 비갑[乙]이 되는 것이다. "양반이라고 해서 절대적으로 우월한 지위를 갖는 것이 아니다."라는 대명제가 탄생하는 순간이다. 이는 칸트가 말한 사고의 대전환인 '코페르니칸 벤둥(Copernican Vendung)'과 같은 것이다.

 선경부에서 "구음 여행 나선 두 비가비, 마음 마음이 서로 통했으리. 앞에 권삼득이요 뒤에는 정춘풍이라네"라고 하여, 권·정 두 명창에 대해 깊은 이해를 바탕으로 절제미 있게 소개하였다. 두 사람은 50-60년의 연령차가 있지만 출신 성분과 처지가 같아 망년우(忘年友)와 같은 관계였음을 표현하였다.

 권삼득 명창은 판소리를 한다는 이유로 집안에서 파문 당하였다. 인생이 갑에서 비갑으로 바뀌었다. 그는 설렁제(덜렁제) 혹은 권마성이라고 하는 가락을 개발하였다. 그의 더늠인 흥보가의 '놀보 제비 후리러 가는 대목' 등에서 구사되었다. 계면조(설움조) 일변도의 판소리에 남성적인 선율을 도입하여 판소리의 표현 영역을 넓혔다는 점에서 의의가 있다. 박경리 소설 『토지』와 신재효의 〈광대가〉에서도 비가비 명창 권삼득이 소개되어 있다.

정춘풍은 충청도 양반으로 판소리 명창이 되었다. 판소리 이론 정립에도 공이 커서 신재효에 버금간다. 사설을 정비하고 씩씩하고 우렁찬 가락으로 짜서 판소리에 품위를 더한 공이 있다. 소리를 스스로 터득하였으며, 대원군에게 인정을 받아 가까운 사이가 된 것으로 유명하다. 〈소상팔경〉은 그의 더늠이다.

후정부에서 "머리털 세도록 글 읽어도 그저 생원 진사에 올랐을 터. 이름을 예림(藝林)에 전함과 어찌 비교할 수 있으랴"라고 하였다. 이는 심오한 철학을 쉽게 표현한 것이다. 김삿갓의 이른바 "부니 시니 하다가 백발이 다 되었네[云賦云詩白髮成]"라 한 구절, 김시습의 시〈야조(野鳥)〉의 "고생스럽게 공부하는 것이 어찌 농사만 하리[苦學不如耕]"라는 구절과 함께 사회 비판적인 일침이라는 차원에서 맥을 같이 한다고 본다. 권·정 두 양반은 『데미안』의 구절처럼 알을 깨고 나와 하늘 높이 난 새에 비유할 수 있다. 『데미안』에서는 "새는 알을 깨고 나온다. 알은 세계다. 태어나려는 자는 세계를 파괴해야 한다. 새는 신에게로 날아간다. 그 신의 이름은 아브락사스다"라고 하였다. 〈최규학〉

감상평

조선 후기에 이르러 양반도 창을 하는 세상이 되었군요. 세상은 정말 끊임없이 변하는 것 같습니다. 찰나의 순간에서 하고 싶은 바를 찾아 도전하는 것은 정말 멋진 것 같습니다. 어쩌면 세상이 그들을 만들었을지도 모르겠습니다. 〈이진영 대학생〉

14
판소리사의 중조산(中祖山) 김창환(金昌煥)

前驅紅旆歷四方
旱天甘雨喜曲坊
近代歌苑中祖位
燕子翩翩路程長
  注: 中祖, 堪輿家所謂中祖山也.

붉은 깃발 앞세우고
전국을 순회한 국창.
마른하늘에 단비처럼
방방곡곡에 기쁨 주었네.

근대 판소리의 중조산 격이니
연자 편편(翩翩) 날아오는
노정(路程)이 유장하기도 하구나.
  주: '중조'는 풍수지리가들이 말하는 중조산이다.

해설

　　김창환(金昌煥: 1854-1937)[28] 명창은 전라남도 나주(지금의 광주광역시 광산구) 출신이다. 본관은 김해(金海)다. 근대 판소리 오명창 가운데 연배가 가장 높으며, 어전광대로 중추원 의관(中樞院議官) 벼슬을 받았다. 박유전·이날치 계통을 이어 서편제 거봉이 되었다. 서편제의 이날치, 동편제의 박기홍(朴基洪)과는 이종간이고, 〈쑥대머리〉로 유명한 임방울은 그의 생질이 된다. 1902년 고종 등극 40주년 기념 공연을 하였으며, 1908년 원각사가 설립된 뒤 주석(主席)으로서 많은 가객을 모아 창극을 공연하였다. 경술국치 이후에는 '김창환협률사'[29]를 조직, 지방 순회공연을 하면서 판소리의 저변 확대에 공헌하였다. 풍채가 빼어난 그는 소리는 물론 극적 몸짓, 즉 너름새(발림)로도 유명하였다. 흥보가에 뛰어났다고 한다. 그 가운데 〈제비노정기〉는 짜임새가 좋아 동편제 박녹주가 자신의 흥보가에 편입하기도 했다.

　　근대 판소리사에서 그의 위치는 풍수지리학상 중조산(中祖山)에 비할 수 있을 듯하다. 태조산(太祖山)에서 뻗어 내린 산줄기의 기운이 중간에 다시 모여 이룬 큰 산이 중조산이다. 풍수지리설에 의하면, 태조산을 출발한 용맥(龍脈)이 수백 리까지 가려면 중간에 큰 산을 만들어 기를 비축해야 한다고 한다. 판소리 초기 명창이 태조산이라면

---

[28] 사전류 등에는 몰년이 1927년으로 되어 있으나 이는 잘못이다. 그의 생질(甥姪)인 임방울의 증언에 의하면 1937년이라고 한다. 제적등본에도 1937년으로 되어 있다.
[29] 판소리 전문단체. 1902년 창설된 협률사(協律社)의 후신이다. 김창환이 주도하였다.

김창환을 비롯한 오명창이 중조산, 1960년대 중요무형문화재로 지정된 명창들이 소조산(小祖山: 主山)의 맥락이라고 할 수 있겠다. (下平聲 陽韻, 2020. 5. 2)

감상평

　국창 김창환의 존재를 새롭게 조명한 시다. 김창환 명창은 판소리 실력은 물론 빼어난 외모와 재치로, 오늘날의 아이돌 같은 인기를 누린 연예인이었다. 다만 이동백·송만갑·김창룡·정정렬 등 다른 명창보다 다소 덜 알려져 있다. 이 시에서는 이 점을 아쉽게 생각하여 그의 존재감을 한껏 부여하였다.
　첫 구에서는 홍패(紅旆)를 앞세우고 전국 순회 공연하는 모습을 그려 시의 이미지화에 성공하였다. 특히 '홍패'는 대과 급제자에게 주는 합격증서인 홍패(紅牌)와 발음이 같아서 판소리의 위대함을 은연중 드러내는 효과를 거두었다. 이는 정재근(鄭在根) 명창이 어전에 나가 소리하고 홍패(紅牌)를 받은 역사적 사실과도 연결되어 더욱 효과를 높이고 있다. 당시 판소리 한마당을 '마른하늘에 단비[旱天甘雨]'로 표현한 데서, 판소리의 힘을 하늘의 은총으로 생각하는 백사의 판소리관이 드러난다.
　김창환 명창을 판소리계의 중조산(中祖山)으로 표현한 것은 풍수지리에 대한 해박한 이해를 반영한 것이다. 이는 태조산-중조산-소조산으로 이어지는 지기(地氣)의 흐름과 같이 판소리가 이어지는 것을 회화적으로 나타내 독자의 흥미를 돋운다.

끝 구절에서 이러한 판소리계의 계승을 제비가 훨훨 날며 철에 따라 순환하는 여정에 비유하였다. 이것은 김창환의 장기가 〈제비노정기〉임을 말한 것이면서도, 아울러 모든 생명이 자연의 섭리에 따라 순응하며 진화하는 것을 시사한다. 이는 최치원의 유·불·선 사상을 공부한 백사의 철학적 바탕에서 우러난 표현이라고 본다. 〈최규학〉

15
근대 판소리계의 지존 송만갑(宋萬甲)

錦帛布綿應客願
肯出圈中斯無怨
鐵聲披雲響靑天
猶有餘憾氣重噴

비단이냐 포목이냐
달란 대로 파는 법.
울타리에서 기꺼이 벗어나
원망할 것 없었네.

쇳소리가 구름을 헤치고
푸른 하늘에 울리는데
그래도 찐덥지 않아서
거듭 기운을 뿜어내는 듯.

해설

근대 오명창 가운데 한 사람으로 유명한 송만갑(1865-1939)은 전라남도 구례에서 태어났다. 송광록(宋光祿) → 송우룡(宋雨龍) → 송만갑으로 이어지는 '송씨 가문(宋氏歌門)'의 마지막 주자(走者)다. 순조 때 가왕(歌王)으로 일컬어졌던 송흥록은 그의 종조부(從祖父)다. 소리하는 집안에서 태어난 그는 운명적으로 가객(歌客)의 길을 걸었다. 1902년 고종 등극 40주년 기념 공연을 한 어전광대로 감찰(監察) 벼슬을 받았다. 원각사·협률사, 조선성악연구회 등에서의 활동상, 판소리사에서의 위상, 소리의 전승 양상 등에 대해서는 대체로 잘 알려져 있으므로 생략하기로 한다.

송만갑의 모습과 소리를 접하고 난 첫 느낌은 한 마디로 '쇳소리 나는 사람'이라 말할 수 있다. 온몸에서 에너지가 넘쳐흘렀던 것 같다. "정이 많으면서도 의협심이 강하였다"고 한 후인의 기술은 새겨봄직하다. 그의 목소리는 그야말로 철성(鐵聲)이다. 냅다 후려치는 쇳소리는 흉내 낼 사람이 거의 없을 듯하다. 철옹만갑(鐵甕萬甲)! 철옹성은 수만의 갑옷이요 수만의 갑옷이 철옹성이니, 뚫을 수 없는 에너지 덩어리가 아닐 수 없다.

송만갑은 동편제 가문에서 태어났지만 가문의 법제(法制)에서 스스로 벗어났다. 패려자손(悖戾子孫)으로 찍혀 파문을 당하였지만 소신을 굽히지 않았다. "극창가(劇唱家)는 주단포목(紬緞布木)을 파는 장사꾼과 같아서, 비단을 달라는 이에게는 비단을 주고 무명을 달라는 이에게는 무명을 주어야 한다"(정노식,『조선창극사』)는 것이 그의 지론이었다. 당시 그에 대한 비난이 만만치 않았다. 판소리를 통속화(通俗化)했다는 것이 주된 이유였다. 그러나 그가 직접 간접으로 가르친 제자가 1천 명을 상회한다고 한다. 그를 빼놓고 20세기 판소리를 논할 수 없음이 분명하다. (去聲 愿韻, 2020. 5. 3)

관극시

國唱宋萬甲樂壇(벽소 이영민)

樂府東邦五百年
鳳城初出一歌仙
鐵聲忽到華容道
萬丈銀河落九天

판소리가 동방에서 불린 지 오백 년
봉성[30]에서 한 가선(歌仙) 처음 나오셨네.
쇳소리가 홀연히 화용도[31]에 이르니
만 길 은하수가 구천에서 떨어지는 듯.

감상평

판소리계의 이단아 송만갑을 단원(檀園) 김홍도(金弘道)가 풍속화를 그리듯이 순간 포착으로 그린 시다. 백사의 '명창 시리즈'는 장르상 관극시에 해당한다. 관극시는 공연을 직접 보고 감상을 기록하는 것이다. 자하 신위의 〈관극절구〉 12수가 관극시의 선구로 꼽힌다. 여기

---

30 전라남도 구례의 별칭.
31 적벽가 〈화용도〉 대목에 나오는 지명.

에 송만갑의 종조부 송흥록이 등장한다. 백사의 송만갑 관극시는 간접 체험을 통한 것이지만 직접 체험 이상으로 실감나게 그렸다. 천재성을 느낄 수 있다.

첫 구에서는 아포리즘(Aphorism) 기법을 적용하였다. 아포리즘은 신조나 원리, 진리 등을 간결하게 압축적 형식으로 나타내는 것을 말한다. 바로 "비단이냐 포목이냐 / 달란 대로 파는 법"이라 한 그것이다. 이는 송만갑 소리의 특성을 한 마디로 표현한 것이다. 이어 송만갑은 울타리를 벗어난 사람이라는 것을 부연함으로써 그 특성을 더욱 명확히 하였다.

송만갑은 당시 조선왕조가 멸망한 뒤 정통 권위와 신분 질서가 무너지고 새 질서가 형성되는 상황에서, 동편제 가문의 소리에 국한하지 않고 조금 더 자유롭게 예술성을 펼친 선구자다. 백사는 이러한 송만갑 판소리의 특성을 짧은 시로 명쾌하게 그렸다. 위연탄(喟然歎)이 나올 만한 내용이다.

이 시의 핵심은 철성피운향청천(鐵聲披雲響青天), "쇳소리가 구름을 헤치고 푸른 하늘에 울리는"데 있다. 이 구절은 송만갑 판소리의 특성을 '철성'으로, 그 기운을 '피운(披雲)'으로 집약하여 시 자체를 철성피운(鐵聲披雲)의 경지로 이끈다. 이 패기 넘치는 구절을 읽으면서 백양사 사천왕문에 주련으로 쓰인 선시(禪詩) '한송옹울출운소(寒松蓊鬱出雲霄)', "겨울 소나무 울창하여 구름 낀 하늘에 솟구치네"라는 구절이 떠오른다. 송만갑 명창의 에너지가 백사의 이 시를 통해 끊임없이 분출될 것으로 믿는다. 〈최규학〉

16
새타령의 대명사 이동백(李東伯) 二首

偉軀美髥豪傑姿
早出頭角意不衰
歌調古樸雅詞好
春臺一唱榮名馳

우람한 몸집 아름다운 수염
호걸의 자태 분명하네.
일찍부터 두각 드러냈고
의지가 시들지 않았네.

고박(古樸)한 가락 우아한 사설
소춘대에서 공연 한 뒤로
영광스런 명예 널리 알려졌네.

各鳥打令萬人知
布穀杜宇聲特奇
一代風雲入冥漠
於戲尋痕者其誰

만인에게 알려진 새타령
뻐꾹새 소쩍새 소리
신기하고도 특별하였네.

일대의 풍운(風雲)이
아득한 데 들었으니
아아, 없어진 흔적
찾을 사람 그 누구뇨!

해설

    근대 오명창의 한 사람인 국창 이동백(李東伯: 1866-1950)[32]을 기린 시다. 이 명창은 충청남도 서천(舒川) 출신이다. 김정근·김세종·이날치 등 여러 스승을 찾아 배웠다. 1902년 고종황제의 등극 40주년 축하연에서 소리를 한 뒤 정3품 통정대부 품계를 받았다.

    일찍부터 창극 운동에 참여했으며 일제 시기에는 조선성악연구회에서 지도급 인사로 활약하였다. 타고난 미성에다 빼어난 풍채로 유명하였다. 벽소 이영민이 남긴 관극시가 있다. 근대식 극장 소춘대(笑春臺)에서 있었던 고종황제 등극 축하연에서의 연창을 시제로 삼았다.[33] 이 시에서 이 명창의 성량이 대단하였고, 춘향가 어사출도 대목에 장하였다고 밝혔다.

    이동백 명창이 남긴 음반 가운데 '새타령[各鳥打令]'이 있다. 금세 빠져들어 연거푸 듣도록 하는 묘한 마력이 있다. 들은 뒤에는 '기가 막히다'는 말밖에 달리 할 말이 없다. "저 뻐꾸기가 울어, 저 뻐꾸기가 울어, 울어, 운다. 이 산으로 가도 '뻐꾹', 저 산으로 가도 '뻐꾹', '뻑뻑꾹 뻐꾹', '뻑뻑꾹 뻐꾹' ……" 진짜 뻐꾸기가 한 수 배워야 할 정도다. 사설 역시 예스럽고 우아하다. 이런 꾸밈없는 박실(樸實)한 소리, 고조

---

[32] 생몰년에 대해 사전류에서 '1866년-1949년' 또는 '1867년-1950년'으로 각기 다르게 적고 있다. 노재명의 연구에 따르면 1866년(丙寅) 음력 2월 3일에 태어나 1950년 6월 6일 서거하였다고 한다.
[33] 본래 명칭은 '御極四十年稱慶禮式'이었고, 소춘대는 지금의 광화문 새문안교회 자리에 있었다.

(古調)의 소리가 좋다.

    요새는 이런 창조(唱調)를 '중고제(中古制)'라고 한다. 언제 누가 만든 말인지는 정확히 모르겠다.[34] 다만 서편제와 동편제를 기준 삼아 가르마를 탄 뒤, 그에 속하지 않은 것을 '중제(中制)'라 함은 이해하기 어렵다. '중'이란 양쪽을 아우르는 것이다. 이쪽저쪽도 아닌 제삼의 것을 '중제'라 하는 것이 과연 옳은 분류일까. '고제(古制)'라 함은 그래도 낫다.

    이동백 명창은 후계자가 없다. 그 소리 전통은 사실상 끊겼다. 유성기 음반을 통해 방창(倣唱)하는 이들은 있지만 진경(眞境)에 들기가 쉬운가. 아아, 귀하디귀한 〈새타령〉(1928년) 음반이다. 현재 〈새타령〉·〈백발가〉 등 단가류와 춘향가 중 〈이별가〉 정도가 음반으로 전한다.

(上平聲 支韻, 2020. 4. 12)

---

[34] 정노식의 『조선창극사』(1940)에서 동편제, 서편제, 중고제로 3분한 것이 기록상으로는 처음인 듯하다.

國唱李東伯樂壇下(벽소 이영민)

天質聲量不可攀
春臺絲竹感君恩
廬山瀑沛三千尺
飛落南原出道門

타고난 성량은
아무나 못 오를 경지.
소춘대(笑春臺)의 관현악이
감군은(感君恩)[35] 연주하네.

여산폭포(廬山瀑沛)
삼천 척 세찬 물줄기.
남원 어사출도 대목에
떨어지는 듯.

---

35 조선 초기의 악장(樂章). 임금에 대한 송축가(頌祝歌)이며, 향악(鄕樂)의 곡명이기도 하다. 작자 및 제작 연대는 자세하지 않다.

감상평

어전광대 이동백 명창은 충청남도 서천군 비인면(현 종천면) 출신이다. 2003년, 문화관광부에서 '3월의 문화인물'로 지정, 기념하였다. 서천군에서는 이 명창의 득음터에 '이동백소리길'을 조성하였고, 종천면에서는 이 명창이 판소리하는 모습을 논그림[畓畵]으로 만들기도 하였다(2020).

이 시에서는 이 명창을 '어전광대'와 '국창' 두 칭호를 함께 붙여 시제로 삼았다. 조선시대에는 어전에서 판소리를 하면 '어전광대'라 하였다. 일제강점기에는 임금이 없었기 때문에 '국창'이라 불렀다. 일제강점기의 언론 보도를 보면 김창환과 이동백이 국창으로 존경을 받았음을 알 수 있다.

첫 구 '위구미염호걸자(偉軀美髥豪傑姿)'에서 이 명창의 외모가 웅장하고 수염이 아름다운 호걸형이었음을 말하였다. '가조고박아사호(歌調古樸雅詞好)'는 소리가 예스럽고 소박하며 사설이 우아함을 말한 것이니, 속칭 중고제의 특징을 잘 보여준다. 동편제가 달처럼 담백하고 서편제가 꽃처럼 화려하다면 중고제는 선비의 글 읽는 소리처럼 부드러운 특징을 가진다.

'춘대일창영명치(春臺一唱榮名馳)'는 이 명창이 어전광대가 되는 순간을 포착한 것이다. 춘대(春臺)는 소춘대(笑春臺)로, 1902년 고종의 등극 40년을 맞아 서구식으로 지은 극장이다. 당시는 희대(戱臺)라 하였다. 광대들이 공연하는 유일한 국립극장이었다.

'각조타령만인지(各鳥打令萬人知)'는 이 명창의 〈새타령〉이 널리 알려졌음을 말한 것이다. 타령(打令)이란 판소리나 잡가를 총칭하는 말이다. 이 명창의 〈새타령〉은 이날치 이후 최고의 솜씨로 평가된다. '포곡두우성특기(布穀杜宇聲特奇)'는 〈새타령〉 가운데 뻐꾸기소리와 두견새 소리가 기가 막혔음을 콕 집어낸 것이다. 포곡(布穀)은 뻐꾸기다. 소리를 음사(音寫)한 것이며, 아울러 '씨를 뿌린다'는 말 그대로 농사를 재촉하는 의미로도 쓰인다. 두우(杜宇)는 두견새를 가리킨다. 소쩍새, 접동새, 두우, 자규, 불여귀, 귀촉도라고도 한다. 중국 촉(蜀) 나라 제4대 임금 망제(望帝)의 이름이 두우(杜宇)다. 두우는 자신이 구해주었던 신하 별령(鱉靈)에게 쫓겨나 한을 품고 죽은 뒤 두견새가 되어 슬피 울었다고 한다. 창자나 청자의 애끓는 슬픔이나 사랑을 중의한다. 여기서 소리[聲]를 특별히 강조한 것은, 판소리는 노래가 아니고 소리이기 때문이다. 소리를 흉내 내는 노래가 아니라, 소리의 본질에 따른 사유를 표현하는 '소리 속의 소리'인 것이다.

'일대풍운입명막(一代風雲入冥漠)' '오호심흔자기수(於戱尋痕者其誰)'는 이 명창의 판소리가 전승이 끊김을 아쉬워하는 심정을 토로한 것이다. 명막(冥漠)은 아득하게 멀다는 뜻이다. 이 명창은 제자 강장원(姜章沅: 1909-1962)을 두었으나 그 뒤를 잇는 제자가 없어 실전되었다. 끝 구 "없어진 흔적 찾을 사람 그 누구뇨?"에서 눈물겨운 감동을 느끼게 된다. 백사의 시를 통해 많은 사람들이 이동백을 기억하기를 기원한다. 〈최규학〉

17
고제 판소리 3대 김창룡(金昌龍)

箕裘世業達磨心
唱調成形賴三金
天具衆美遵家法
早入藝苑斫桂林
雖曰偏古未諧俗
莫恨峨洋少知音

소리를 가업으로 삼았으니
도 전하려는 달마의 마음이었나.
창조(唱調)가 모양을 갖추기까지
세 부자에 힘입은 게 많았다네.

천구(天具)의 여러 장점 지녔고
가법(家法)을 충실히 따르신 분.
예원(藝苑)에 일찍 들어가
도끼로 계수나무를 찍었다네.

비록 고조(古調)에 치우쳐
세속에 안 맞는다고들 하지만
아양곡[36] 알아줄 이 적다고
한탄하지는 마시오들.

해설

　근대 오명창 가운데 한 사람인 김창룡(1872-1943)[37]의 본관은 김해, 충청남도 서천[38] 출신이다. 경기·충청 지역에 전승되어온 고제(古制) 판소리의 거장이다. 그의 집안은 대대로 판소리를 업으로 삼아왔다. 할아버지 김성옥(金成玉: ?-?)[39]은 진양조 장단을 창시하였고, 무숙이타령의 대가인 아버지 김정근(金正根: 1839-1895)[40] 역시 '상궁접'(엇중모리 6박)이라는 장단을 만들었다. "조선 소리의 곡조는 김문(金門)에서 거의 다 되다시피 하였다"(정노식, 『조선창극사』)는 평이 나올 정도다. 김창룡의 아우 창진(昌鎭: 1875?-?) 역시 고종 조에 명창으로 이름을 날렸고, 아들과 손녀까지 소리의 가통(家統)을 이었다고 한다. 유전인자를 빼놓고는 설명하기 어려울 것 같다. 안타깝게도 김창룡의 소리는 전승이 끊어졌고 식민지시기에 나온 음반만 전할 뿐이다.

　그는 여러 날 소리를 해도 목이 쉬지 않았다고 한다. 『노자』에 이른바 '종일불사(終日不嗄)'를 떠올리게 한다. 이처럼 타고난 성음에다

36　중국 춘추시대, 백아(伯牙)가 타고 그의 벗 종자기(鍾子期)가 들었다는 거문고 곡조. 고산유수곡(高山流水曲) 또는 아양곡(峨洋曲)이라고도 한다.
37　사전류에서는 몰년을 '1935년'으로 적고 있다. 명백한 오류다. '1943년'임은 당시의 신문 기사가 증명한다.
38　호적에는 '홍성군 결성면' 출신으로 되어 있다.
39　『한국전통연희사전』에는 생몰년이 '1801-1834년'으로 되어 있다. 그러나 근거는 확실하지 않다. 아들 정근이 1839년생인데 1834년에 죽었다는 것은 어불성설이다.
40　생몰년은 호적에 따른 것이다. 사전류에는 이름이 '定根'으로, 호적에는 '正根'으로 되어 있다.

'소리 가문'을 배경으로 왕성한 활동을 하였다. 공연 이외에도 방송 출연, 음반 취입, 후배 양성에 적극적이었다. 그의 더늠은 심청가 〈화초타령〉 대목과 적벽가 〈삼고초려(三顧草廬)〉 대목이라 한다.

그는 가문의 소리제를 계승하면서도 동편·서편을 가리지 않고 장점을 찾으려 했다. 그가 남긴 음반 소리를 통해 짐작할 수 있다. 그러나 전반적으로 고제(古制)를 중시하여 가락이 단조롭고 구성진 맛이 덜하다. 가법을 지키는 것과 시대의 변화를 수용하는 것 사이에서 고민이 적지 않았을 듯하다. '변화' 쪽을 과감히 택한 송만갑의 경우와는 비교가 된다. 김창룡 류의 담박유미(淡泊有味)한 소리를 좋아하는 이들이 적지 않다.[41] 아는 사람은 알아줄 터이니 지음(知音) 적음을 한탄할 일은 아닐 성 싶다. (下平聲 侵韻, 2020. 5. 1)

---

[41] 그의 담백한 소리는 관서 지방에서 인기가 있었다. 황해도·평안도 지역에서는 김창룡을 제일의 명창으로 쳤다고 한다.

관극시

金昌龍樂壇下(벽소 이영민)

亂燭華壇錦鼓鳴
一歌淸似玉簫聲
若敎來唱鷄山月
散得垓城十萬兵

촛불 즐비한 화려한 무대에 금고 울리더니
소리 한 대목, 옥통소 소리처럼 맑다.
와서 '계산월'[42] 대목을 부르게 한다면
해하성[43] 십만 병사도 흩어질 것이라.

감상평

  중고제 명창 김창룡을 기린 시다. 중고제의 특징은 충청도 양반 문화를 반영하여 책을 빨리 읽어나가는 식의 단조로움을 보인다. 백사는 이런 특징을 살려 육구체로 단조롭게 구성하였다. 김창룡의 자질

---

42 단가 〈초한가(楚漢歌)〉를 달리 이르는 말. "장자방(張子房)은 계명산(鷄鳴山) 추야월(秋夜月)에 ······"로 시작된다.
43 垓下城: 유방과 항우가 최후의 일전을 벌였던 곳. 지금의 중국 안휘성(安徽省) 숙주시(宿州市) 영벽현(寧璧縣) 동남쪽에 있었다.

을 천구(天具), 즉 가문의 유전으로 보면서 『노자』의 '종일호이불사(終日號而不嗄)', 즉 "덕이 많은 사람은 어린아이 같아서 종일 울어도 목이 쉬지 않는다"라는 말을 인용하여 해설하였다. 백사의 철학적 소양을 엿볼 수 있는 대목이다.

김창룡의 성취를 '조입예원작계림(早入藝苑斫桂林)'이라 하여 시적 감성을 살렸다. 판소리계를 '예원'과 '계림'으로 표현한 것에서 시적 창조력을 볼 수 있다. 김창룡이 뛰어난 자질로 일찍이 판소리계에 들어가 충격을 준 사실을 '계수나무를 찍었다'는 표현으로 상징한 것이 돋보인다. 계수나무는 오강(吳剛)의 고사에서와 마찬가지로, 찍어내도 바로 재생되는 특징이 있다. 중의적 표현에서 이 구절을 읽는 묘미가 있다.[44]

'막한아양소지음(莫恨峨洋少知音)', 즉 '아양곡 알아줄 이 적다고 한탄하지 말라'는 정문일침으로 끝맺음을 하였다. 여기서 대가(大家)의 심중을 헤아릴 수 있다. 아양곡은 김창룡의 중고제 판소리를 상징한다. 김창룡은 근대 오명창의 반열에 올랐고, 그가 남긴 판소리는 영원할 것이기 때문이다. 〈최규학〉

---

44 중국 고대 설화에 의하면, 옛날 중국에 오강(吳剛)이라는 사람이 있었다. 잘못을 저질러 달나라 옥황상제로부터 벌을 받게 되었다. 그는 도끼로 계수나무를 찍어 넘기는 일을 계속해야 했다. 그런데 오강이 계수나무를 찍을 때마다 상처 난 곳에서 금세 새살이 돋아났다. 그래서 오강의 도끼질은 지금까지 계속되고 있다 한다. 대개 쉼이 없는 연마를 가리킬 때 인용한다.

18
떡목을 타고난 대명창 정정렬(丁貞烈)

天公何禀瓦礫聲
精琢精磨渾是誠
歌苑編劇第一手
春風茅屋才子盈

하느님은 어찌하여
와력성(瓦礫聲)[45]을 주셨을까.
정밀하게 갈고 닦음이
온통 지성(至誠) 그것이었네.

창극(唱劇) 짜기로는
제일인자의 위상.
봄바람 부는 초가집엔
재주꾼들 가득하였네.

해설

　근대 오명창의 한 사람인 정정렬(丁貞烈: 1876-1938) 명창은 전라북도 익산에서 태어났다. 서편제의 거장이다. 본디 떡목을 타고 났지만 생명을 건 오랜 수련을 통해 대명창의 반열에 올랐다. 50세 무렵에 상경하여 조선성악연구회 상무이사를 지내면서 송만갑·이동백 등과 창극 공연, 후진 양성에 힘썼다. 조선성악연구회 활동을 하면서 가장 많은 제자를 두었다. 20세기 후반 판소리계의 원로 대다수가 송만갑·정정렬 두 문하에서 소리를 배웠다고 해도 과언이 아니다. 천성이 온화한 그는 여성에게 인기가 높았다. 여성 제자가 많았음은 물론이다. 창극을 짜는 데 특별한 재주가 있었던 그는 실로 '편극(編劇)의 최고봉'이라 할 만하다. 판소리 다섯 바탕 가운데 춘향가에 가장 많은 공력을 들였다. 그런 만큼 실로 타의 추종을 불허할 정도로 구성지다는 평을 받는다. 김연수가 "정정렬 나고 춘향가 났다"고 말했을 정도다. 〈어사출도〉 대목 등이 음반으로 전해온다. 제자로는 김여란(金如蘭: 1907-1983)·조상선(趙相鮮: 1909-1983)·김연수(金演洙) 등 다수가 있다. 동생인 정원섭(丁元燮: 1878-1940?)은 고수(鼓手)로 이름을 얻었다. (下平聲 陽韻, 2020. 5. 3)

45　기와나 자갈 부서지는 소리. 판소리에서는 '떡목'이라고 한다.

丁貞烈國唱, 丁元燮名鼓(벽소 이영민)
첫수는 정정렬, 둘째 수는 정원섭을 읊은 것이다.

年少才名一國聞
藝苑諸子集如雲
世間虎逐龍拏輩
管領春風不及君

소싯적부터 명성이 온 나라에 알려졌고
예원의 많은 사람들 구름처럼 모여들었네.
세간의 날고뛰는 사람들도
풍류를 도맡음은 그대에게 못 미치리.

兄是歌仙弟鼓仙
君家天藝亦奇緣
東方他日風流史
兄弟名高第一篇

형은 '소리의 신선', 아우는 '북의 신선'
그대 집안의 타고난 예술 역시 기연일세.
뒷날 동방에서 풍류의 역사 엮는다면
형제의 높은 명성 제일편에 수록되리.

감상평

'정정렬 명창'은 근대 오명창 시리즈 마지막을 장식하는 시다. 첫 구에서는 '하느님은 어찌하여 그에게 와력성(瓦礫聲)을 주셨을까?' 하고, 긍정과 부정이 섞인 음성으로 영탄하고 있다. 와력성은 판소리 최악의 목소리 '떡목'을 가리킨다. 떡목은 고음부가 좋지 않아 자유롭게 음역을 표현할 수 없고, 목소리 자체가 심하게 거친 소리다.

이어 "정밀하게 갈고 닦음이 온통 지성(至誠) 그것이었네"라고 받았다. 정 명창이 곤이학지(困而學之)로 극복하는 과정을 명쾌하게 설파했다. 정탁정마(精琢精磨)는 절차탁마(切磋琢磨)를 창조적으로 재구성한 시적 조어(造語)다. 이는 『시경』, 위풍(衛風) 「기욱(淇奧)」 편의 "여절여차(如切如磋) 여탁여마(如琢如磨)"에서 인용한 것이다. 『논어』 「학이(學而)」 편에서 자공(子貢)이 거친 옥석을 갈고 닦아 세련된 보석을 만드는 것처럼 절차탁마하겠다는 의지를 표현하자, 공자가 '하나를 알려주면 열을 안다'고 극찬한 것으로 유명하다.

정탁정마하여 대성한 정 명창은 고향에서도 추앙을 받고 있다. 익산시 낭산면 심곡사(深谷寺)에서는 정정렬 명창 득음기념 공연장을 개관하였고, 매년 '떡목 음악회'를 개최하고 있다.

혼시성(渾是誠) 즉 "온통 지성(至誠) 그것이었네"라는 표현에서 백사의 동양철학적 소양이 드러난다. 『중용』에서 이른바 "성(誠)이라고 하는 것은 하늘의 도이며, 성실하려고 하는 것은 사람의 도이다"라고 한 대목을 의미한 것이기 때문이다.

정정렬 명창은 30년 앞을 내다보고 소리를 한 것 같아, 지금 들어도 옛 소리 같지 않다는 평을 듣는다. 이는 '편극제일수(編劇第一手)'

와 '제자영(才子盈)'에 녹아 있다. '편극제일수'는 정 명창의 연출과 편곡 능력을 기린 표현이다. 그는 창과 대사의 배역을 나누어 배치하고 여러 날 부르던 것을 하루 저녁에 완성하도록 하였다. 화려한 무대와 창자(唱者)의 연기까지 가미하여 창극 전성시대를 이끌었다. 그의 춘향가는 타의 추종을 불허하여 '춘향가의 아버지', '창극의 아버지'라는 평을 받는다. 이후 판소리는 정정렬이 주도했다고 본다.

끝 구절 '제자영(才子盈)'은 백사의 기획 의도가 숨어 있다. 정 명창의 높은 위상이 여기에 들어 있다. '공자행단(孔子杏壇)'과 같은 장중한 의미를 부여하면서, 오늘날 판소리계에 종사하는 가인(歌人)들에게 일침을 가하고 있다. 〈최규학〉

19
수궁가의 지존 유성준(劉成俊)

不知身在水晶宮
遨遊南海一夢中
岳陽洞裏三畝宅
紫雲遶庭玉樹叢

몸이 수정궁에
있는 줄 몰랐네.
남해를 오유(遨遊)함이
한 바탕 꿈속이었으리.

악양(岳陽)에 있는
삼묘(三畝)의 집.
뜰에 자색 구름 맴돌고
옥수가 무더기로 자랐네.

해설

　유성준(劉成俊: 1873-1949) 명창은 전라도 남원부(南原府)에서 태어났다. 오늘날에는 구례군 광의면에 속한다. 본관은 강릉이다. 남원·구례·순천·진주 등지를 옮겨 다니며 살았고, 하동군 악양면(岳陽面)에서 비교적 오래 머물며 제자들을 양성하였다.
　인척인 장재백(張在伯: 1852-1907) 명창에게 배운 뒤 15살 때 송우룡(宋雨龍) 문하에 나아가 그의 법제를 이어받음으로써 동편제의 거장이 되었다. 한편으로 정춘풍·김세종의 지침을 받아 판소리 이론에 일가견이 있었다. 당대의 판소리 이론가 전도성(全道成: 1864-1940)과는 쌍벽이었는데 이론상의 차이로 이따금 논쟁을 벌였다고 한다.
　유성준은 어린 시절부터 두각을 나타내 문희연(聞喜宴)이나 전주 대사습 같은 무대에서 소리를 했다. 1902년 고종 등극 40주년 기념 공연을 하였으며 참봉 벼슬을 받았다. 이후 협률사 등에서도 공연을 했다. 어전광대의 소리 실력을 인정받은 것이다. 이후 라디오 방송, 음반 취입 등 간헐적으로 활동하다가 1930년대에 들어서는 공개적으로 활동하는 일을 접고, 진주권(晉州圈) 일대에서 제자를 양성하는 일에 몰두하였다. 그는 예부터 전승되어 온 소리를 제대로 지키는 것이 중요하다고 판단하였다. 시대 변화에 주목한 송만갑과는 차이를 보였다.
　문하에서 걸출한 제자들이 다수 배출되었다. 가장 유명한 제자로는 임방울을 들 수 있고, 이밖에 인간문화재로 김연수·정광수·박초월·박동진·강도근·박귀희 등이 있다. 그는 급하고 괴팍한 성격으로도 유명하였다. 그 때문에 많은 사람들이 그의 곁을 떠나갔지만 임방울은 끝까지 지켰다고 한다.

유성준은 근대 오명창의 한 사람으로 꼽힌다. 수궁가와 적벽가에 뛰어났다. 수궁가로는 당시 그를 능가하는 사람이 없었으며, 오늘날에도 그의 바디가 사실상 독장을 치고 있다. 짜임새가 좋기 때문이다. 춘향가의 김세종과 함께 수궁가의 유성준 역시 판소리사에 대서특필될 만하다. 수궁가와 적벽가 일부가 음반으로 전한다. 그의 수궁가를 오롯이 전해 받은 사람이 임방울과 정광수라 할 수 있다.

유성준의 판소리관은 '존고금비(尊古卑今)' 넉 자로 정의할 수 있다. 조선시대 보편적인 고금관(古今觀)과 큰 차이가 없다. 중국 고대 사상가 왕충(王充)은 『논형(論衡)』, 「제세(齊世)」 편에서 다음과 같이 말한 바 있다. "오늘날 세상의 학자들은 고대의 것은 높이고 현재의 것은 낮춘다. 또 고니를 귀하게 여기고 닭을 천하게 여긴다. 고니는 멀리 있고 닭은 가까이 있기 때문이다. …… 세상의 속성은 직접 본 것은 천하게 여기고 들은 것은 귀하게 여긴다[今世之士者, 尊古卑今也. 賤雞貴鵠, 鵠遠而雞近也. …… 世俗之性, 賤所見, 貴所聞也]." 두 견해를 함께 참고할 필요가 있다. (上平聲 東韻, 2020. 6. 4)

감상평

근대 오명창의 한 사람인 유성준을 기린 시다. 미국 시인 에즈라 파운드(Ezra Pound: 1885-1972)가 말하는 좋은 시의 조건, 즉 운율과 참신한 감각, 은유와 어조를 겸비하였다. 이건청(李建淸) 교수의 말대로 구체적이고 세부적인 체험과 표현에 대한 사무치는 욕구가 절절하게 다가온다.

이 시는 두 연으로 구성되었다. 첫 연은 유성준 명창이 수궁가의 지존임을 유려하게 그려냈고 두 번째 연은 유성준 명창의 삼묘행단(三畝杏壇)을 자색(紫色)으로 고급스럽게 건축했다.

첫 연에서 "몸이 수정궁에 있는 줄 몰랐네. 남해를 오유(遨遊)함이 한 바탕 꿈속이었으리[不知身在水晶宮, 遨遊南海一夢中]"라 하였다. 유성준 명창이 수궁가를 부를 때, 흡사 용왕이 사는 수정궁에 있는 듯한 착각을 일으킬 정도이고, 창자와 청자가 남해 용왕 광리왕(廣利王)이 사는 남해를 돌아다니는 꿈을 꾸는 것과 같다는 것을 회화적으로 표현하였다. 이는 몽환적 신비감을 불러일으키는 도가적 표현이다.

수정궁은 중국의 기서 『술이기(述異記)』에 나온다. 수정으로 꾸몄다는 화려한 궁전이다. 여기서는 남해 용왕의 궁전을 가리킨다. '오유(遨遊)'는 『장자』의 '소요유(逍遙遊)'와 같은 의미로, 자유롭고 재미있게 노닌다는 뜻이다.

둘째 연에서는 "악양에 있는 삼묘(三畝)의 집, 뜰에 자색 구름 맴돌고 옥수가 무더기로 자랐네[岳陽洞裏三畝宅, 紫雲遶庭玉樹叢]"라고 하였다. 여기서 '악양'은 유성준 명창이 행단을 꾸린 하동군 악양면을 말한다. '삼묘댁(三畝宅)'은 작은 집으로 유 명창의 행단을 가리킨다. 소동파의 시 〈차형공운(次荊公韻)〉을 보면 '권아시구삼묘댁(勸我試求三畝宅)'이란 구절이 있다. 소동파가 은퇴한 형공(荊公) 왕안석(王安石)을 방문하고 지은 시다. '묘(畝)'는 면적 단위로 30평을 말한다.

옥수(玉樹)는 아름다운 나무다. 재주가 뛰어난 사람을 비유적으로 이르는 말로, 여기서는 뛰어난 제자들을 가리킨다. 유 명창은 삼묘행단에서 임방울·김연수·정광수·박동진·강도근·박귀희 등과 같은 옥수(玉樹)들을 배출했다. 특히 끝 구에서 '자운요정(紫雲遶庭)'이라 하여 유명창을 신선의 경지로, '옥수총(玉樹叢)'이라 하여 제자들을 득도인에 비유한 것은 읽는 사람에게 선경(仙境)에 오른 듯한 느낌이 들도록 한다. 백사의 시작(詩作)은 풍운조화(風雲造化)에 비할 만하다. 〈최규학〉

20
나물 뿌리 향내 같은 소리 이선유(李善有)

從容自擔東派譜
梨園敎坊眞師父
淡泊有味菜根香
五全歌集新樂府

조용히 스스로
동편제 계보 짊어진 분.
이원교방의 참 스승이었네.

담박한 가운데 참맛 있으니
나물 뿌리의 향내[46] 같네.
다섯 바탕 다 갖춘 가집(歌集)
새 악부(樂府) 나왔구나.

해설

　유성준과 이선유는 구례와 하동을 오가며 활동했던 명창이다. 1873년에 태어나 1949년에 세상을 떠나 생몰년이 같다. 동편제 명창 송우룡(宋雨龍: 1835-1897)에게 배워 동문의 의(誼)가 있다. 유성준은 제자를 많이 두어 오늘날 세상에 잘 알려져 있다. 유성준의 소리제는 박초월 등이 잘 이어받아 중요무형문화재로 지정되었다. 이선유는 제자를 많이 양성하지는 못하였다. 알려진 제자로는 오비취(吳翡翠: 1910-1982), 신숙(愼淑: 1916-1982)·김수악(金壽岳: 1925-2009), 박봉술(朴奉述: 1922-1989) 등을 꼽을 수 있다. 이 가운데 이웃 고을 구례 출신 박봉술 명창은 13살 때부터 5년간 이선유에게 배웠다고 한다. 박봉술의 심청가와 수궁가는 이선유에게 적지 않게 영향을 받았을 것으로 짐작된다.

　이선유는 경술국치 이후 중앙에서의 활동을 접었고 1920년대부터는 진주권번(晉州券番)에서 소리 선생으로 있었다. 자신의 성량이 부족함을 느끼고 여창(女唱) 교육으로 방향을 틀었던 것 같다. 오늘날 그의 소리제는 전승이 사실상 단절되었다.

　이선유는 자존심, 자부심이 강했던 명창으로, 판소리사에 중요한 발자취를 남겼다. 판소리 눈대목과 단가를 녹음한 유성기 음반 여러 종을 취입하였고, 판소리 사설집 『이선유 오가전집(五歌全集)』(1933)

46　菜根香: 채소나 나물에서 참맛을 찾는 것. 명나라 때 홍자성(洪自誠)이 엮은 잠언집 『채근담(菜根譚)』에 나온다.

을 공식 출판하였다. 그의 소리는 동편제의 정통을 이어받은 고제(古制)로 추정된다. '가집'이란 이름의 창본(唱本)은 판소리사에서 '최초 출간'이라는 데 의미가 있다. 판소리 애호가 김택수(金澤洙: 1895-1976)에게 구술하여 완성한 것이다. 그가 남긴 음반과 창본을 통해 송만갑 이전 동편제 고제 소리의 면목을 추정할 수 있다. 또 고제 소리가 신제(新制) 소리로 변화해 가는 양상을 유추할 수 있을 듯하다. 그의 특장은 수궁가. 이영민은 관극시에서 그를 '이가선(李歌仙)', '국창'이라고 일컬었다.

이선유! 특이한 이름이다. '선유(善有)'란 '잘 간직한다'는 의미다. '善裕'라고도 쓰는데, 이것은 '수선유후(修善裕後)' 즉 좋은 것을 잘 닦아서 후인들을 넉넉하게 한다는 의미인 것 같다. 그는 이름값대로 살다가 갔다. 동편제를 고수했지만 소리는 단조롭지 않고 여유가 있었다. 동편제의 씩씩함도 있지만 소리의 높낮이와 리듬의 변화에서 섬세한 면을 보여준다. 유명한 작곡가 이재호(李在鎬: 1919-1960)가 그의 조카이자 양아들이다. (上聲 虁韻, 2020. 5. 17)

李善有國唱(벽소 이영민)

藝院名才算百千
江南有此李歌仙
及當穿月驅風際
並世諸家不敢前

예술계에 이름난 재주꾼
백 명 천 명을 헤아리지만
한강 이남에 한 사람 있으니
이씨 성을 가진 가선(歌仙).

물에 비친 달도 뚫을 듯이
바람을 몰아가는 대목에서는
당시의 여러 명창도
감히 앞서질 못하는구나.

감상평

 '입신의 기(技)'로 일컬어졌던 이선유 명창을 기린 시다. 이선유 명창을 '동파보(東派譜)', '진사부(眞師父)', '채근향(菜根香)', '신악부(新樂府)'로 특징지어 표현하였다. 동파보와 진사부는 선경부, 채근향 신악부는 후정부에 해당한다.

첫 구에서는 이선유 명창이 동편제 명창임을 강조하였다. 2016년, 하동군 악양면에 '유성준·이선유 판소리 기념관'이 개관되었다. 유성준과 이선유는 둘 다 하동 출신 동편제 명창이다.

둘째 구에서는 이 명창이 진주권번의 소리선생으로 있었음을 말하였다. 보통 소리선생이 아닌 참다운 사부(師父)였음을 강조했다. 교방(敎坊)은 기녀들에게 가무 따위를 가르치는 관청으로 이원(梨園), 선방(仙坊), 법부(法部)라고도 한다. 여기서는 일제강점기 때의 기생조합 권번을 가리킨다.

셋째 구 '담박유미채근향(淡泊有味菜根香)'은 이 시의 백미다. 동편제 소리의 특성을 절묘하게 은유하였다. 바슐라르(G. Bachelard: 1884-1962)는 "시는 이성에 호소하는 것이 아니라 상상력에 의존하는 것이다"라고 하였다. 이 시에서 위 부분이 바로 이러한 상상력을 보여주고 있다. 이로써 이 시가 단순한 시(poem)에서 은유가 있는 시(poetry)로 상승했다고 볼 수 있다. 동편제는 호방한 느낌을 주는 통성이 특징이며, 오페라 가수처럼 풍부한 성량을 요구한다. 이 명창은 성량은 풍부하지 않았으나 동편제 고제의 특성을 잘 살려 부른 것으로 유명하다. 당시 동편제는 전통을 고수하는 고제(古制)와 새로운 흐름에 따르려는 신제(新制)로 양분되었었다.

'채근향(菜根香)'은 프랑스 철학자 들뢰즈(Gilles Deleuze: 1925-1995)의 이른바 인식론적 지각에서 존재론적 감각으로의 이동을 보여주는 명구다. 또한 이선유 명창을 역사성에서 보편성으로 승화시키려는 절묘한 표현이기도 하다.

마지막 구 '오전가집신악부(五全歌集新樂府)'는 이 명창의 판소리 사설집 『오가전집』(1933)의 사료적 가치를 힘주어 말한 것이다. 이 전집은 사설, 장단, 아니리가 표기된 한국 최초의 판소리 정본으로 사료적 가치가 높다. 백사의 시와 더불어 만세악부(萬歲樂府)가 되기를 기원한다. 〈최규학〉

21
북과 춤의 일인자 한성준(韓成俊)

天稟藝氣凝一身
歌壇舞臺縱橫人
搥鼓鼕鼕肩自聳
仙鶴翩翩四時春

하늘이 준 예술인의 '끼'
한 몸에 뭉쳐 있는 듯.
소리판과 춤판에서
종횡으로 활약하였네.

둥둥 두리둥 북장단에
어깨가 절로 들썩들썩.
선학(仙鶴)은 너울너울
사계절 내내 봄날이로다.

해설

'근대 전통춤의 아버지'로 불리는 한성준(韓成俊: 1874-1942)은 충청남도 홍성 출신이다. 예인 집안에서 태어나 일찍부터 북장단과 춤, 줄타기·땅재주 등을 배웠다. '북에 능하고 춤에 능하고 각종 재주에 능한[能鼓能舞又能伎]' 종합 예술인이었다. 아마도 천예성(天藝星)이란 별자리의 기운을 타고난 것 같다. 그의 천품은 후손에게도 이어졌다.[47]

1920년대부터 1930년대까지 활동했던 명창들은 대부분 그의 북장단에 맞추어 소리를 했다. 전통 장단의 이모저모를 깊이 체득한 그는 전통 무용에 능하였고, 무대 공연에 맞게 학춤·태평무 등 많은 춤을 개발하기도 하였다. 그의 문하에서 최승희(崔承喜: 1911-1967) 같은 걸출한 무용가가 배출된 것은 우연이 아니다. 요새는 그를 '근대 전통춤의 선구자'로만 인식하는 경향이 있다. 그러나 그는 명무(名舞)이기에 앞서 명고수였다. 1930년대에 조선성악연구회에 참여하여 노명창으로부터 신진(新進)에 이르기까지 북장단을 도맡다시피 하였다. 고수로서의 위상은 이영민이 '위대한 최고의 고수'라고 한 것이 적실(的實)하다고 본다. (上平聲 眞韻, 2020. 5. 8)

---

[47] 한성준의 춤 솜씨가 손녀 한영숙(韓英淑: 1920-1989)에게 전해져 1969년에는 중요무형문화재 제27호 승무기예능보유자로, 1971년에는 제40호 학춤기예능보유자로 지정되었다.

韓成俊名鼓(벽소 이영민)

歌詞有法度
長短爲常綱
君是天才子
皆稱大鼓王

가사(歌詞)에 법도가 있었고
장단은 전범(典範)이 되었네.
그대는 하늘이 낸 재주꾼
다들 대고왕(大鼓王)이라 하였네.

감상평

　근대의 천재 춤꾼 한성준을 기린 시다. 평이한 듯하지만 뜯어보면 심오한 철학이 깃들어 있다. 조선 말과 일제강점기 암울한 시대 상황 속에서 춤과 노래로 사시춘(四時春)을 기다렸던 한성준의 고뇌가 담겼기 때문이다.

　첫 구에서 '천품예기응일신(天稟藝氣凝一身)'이라 하여 천부적인 기예를 강조하였다. 한성준은 8살 때부터 줄타기와 승무 명인이었던 외할아버지에게서 북과 춤을 배웠다. 이어서 '가단무대횡인(歌壇舞

臺縱橫人)'이라 하여, 한성준이 북과 춤으로 한 시대를 풍미한 예술인임을 부각시켰다. 그는 놀이마당에서만 행해지던 민속춤을 무대 예술로 승화시켰다. 검무, 살풀이춤 등 전통춤을 체계화하여 다시 태어나게 했다.

'추고동동견자용(搥鼓鼕鼕肩自聳)'은 한성준의 빼어난 북솜씨를 청각적인 시어로 표현했다. 그의 북에 의해 관객의 어깨가 절로 들썩들썩한다고 하여, 한성준의 북 솜씨가 실로 독보적이었음을 시사하였다. 이 시의 백미는 끝 구절이다. "선학(仙鶴)은 너울너울, 사계절 내내 봄날이로다"에서 한성준이 학춤의 대종사(大宗師)임을 멋지게 은유하고 있다. 이는 사시춘을 염원하는 주문이기도 하다.

한성준은 시대정신을 춤에 반영하려고 한 선각자였다. 그가 창안한 승무, 훈령무, 살풀이춤, 학춤, 태평무 등은 최고의 전통춤으로 꼽힌다. 그는 "사람이 생겨나면서부터 춤은 있었다"고 말했다 한다. 모든 사람이 천성적으로 기예를 타고 난다는 말이리라. 그는 춤의 촉진자 역할을 자임하였다. 한성준의 기예 정신을 살려낸 백사에게 감사를 표한다. 〈최규학〉

22
동편 소리 서슬 퍼런 장판개(張判盖)

良質美姿蓋世才
鳳闕盛宴花正開
鶴舞舜日片時夢
聊慰碧梧手曾栽

좋은 자질 아름다운 자태
세상을 덮을 만한 재주.
대궐의 성대한 잔칫날
꽃이 활짝 피었다.

학이 춤추던 좋은 시절
잠깐 동안 꿈결 같았지만
벽오동 손수 심은 걸
애오라지 위로한다.

해설

　어전광대 장판개(張判盖: 1885-1937)는 전라북도 순창 출신이다. 자는 일성(一成)이다. 이웃고을 곡성(전라남도 곡성군 옥과면)에서도 살았다. 참봉 장석중(張石中: 예명 文根)의 아들이다. 본래 이름은 학순(鶴舜)이고 별명이 '판개'다. '判介'라고도 쓴다. 부친과 조부는 거문고 명인이요 판소리 애호가였다.

　장판개는 고수로 출발하였다. 15세부터 명창 김채만의 수행고수가 되어 소리를 배우다가, 부친과 절친하던 송만갑 문하에 나아가 3년간 배웠다. 이후 산사(山寺)에서 2년간 독공을 한 뒤 다시 송만갑의 수행고수로 절차탁마를 더하였다. 이밖에 김세종에게 춘향가를, 박만순에게 적벽가를 배움으로써 동편제 거장으로 발돋움할 수 있었다.

　장판개는 20세 때인 1904년 7월, 스승 송만갑의 인도로 어전에서 적벽가를 연창(演唱)했다. 당시 고종과 대신들은 칭찬을 아끼지 않았으며 혜릉참봉(惠陵參奉) 직을 제수하였다. 그의 소리 인생은 정점으로 내달았다. 같은 해 장판개는 스승의 부름을 받고 원각사(圓覺社) 무대에 출연했고, 1908년부터는 송만갑협률사에 들어가 전국을 순회하며 공연을 하였다. 당시 그는 만능 소리꾼으로 청중의 마음을 사로잡아 인기를 누렸다. 선배 명창들이 그와 함께 공연하는 것을 꺼릴 정도였다고 한다. 이 때 제자 배설향(裵雪香: 1895-1938)과 일생의 동반자가 되었다. 박황은 장판개의 소리에 대해 "최하의 저음에서 최상의 고음까지 자유자재로 마구 구사하는 기예의 절륜(絶倫)은 가왕 송흥록 이후의 독보"라고 평하였다. 판소리 중 절정의 고음부인 '서슬'을 칠 때면 장지문 문고리가 흔들릴 정도였다는 취송당(翠松堂) 정순임(鄭順林)의 증언도 있다.

장판개는 적벽가를 특별히 잘하였다고 한다. 더늠으로 〈제비노정기〉를 꼽는다.[48] 현재 단가 〈진국명산〉과 〈제비노정기〉 음반이 전한다. 이밖에 고법이 탁월하고 여러 악기에 두루 능하였다. 소리 전승 계보를 보면, 장판개의 아들이 장영찬(張泳瓚: 1930-1980)[49]이고, 친아우 장도순(張道舜)의 딸이 장월중선(張月中仙: 1925-1998)이다. 장월중선의 딸 정순임(1942-)은 현재 중요무형문화재 제5호 판소리 예능보유자다. 장판개 명창의 소리 계보가 4대째 이어지는 셈이다. 2007년에 문화관광부에서는 '판소리명가 제1호'로 지정하였다. 한편 그의 고법을 전해 받은 사람이 명고수 김명환과 김동준이다. 장판개의 고법은 여러 사람이 높이 평가한 바 있다.

장판개는 창악계가 날로 쇠퇴하고 창극이 변질되어 가는 것을 안타깝게 여기다가 삼십 대 중반에 낙향하였다. 전주 등 몇 군데 권번에서 소리선생을 하면서 아편으로 시름을 달래다가 몸을 상하였고, 1937년 53세로 세상을 떠났다. 이듬해에는 제자이자 부인인 배설향이 뒤를 따랐다. (上平聲 灰韻, 2020. 5. 31)

---

[48] 이것은 여타의 〈제비노정기〉와 사설이 전혀 다르다.
[49] 각종 사전류에는 몰년이 '1972년', '1976년', '1981년'으로 각각 다르게 표기되어 있으나, 금오공과대학교 김석배 교수가 정순임 명창을 통해 장영찬 명창 유족에게 확인, 1980년 5월 26일에 별세했음을 밝힌 바 있다.

감상평

어전명창 장판개의 인생 노정을 아름답게 녹여낸 시다. 장판개라는 절세의 예인이 성공을 거두었으나 영광의 시간은 짧았고, 미래의 발판을 다져놓아 다행이라는 내용이다. 핵심어는 '봉(鳳)'이다. 장판개를 봉에 비유하였다.

첫 구에서 "좋은 자질 아름다운 자태, 세상을 덮을 만한 재주"라 하였다. '양질'은 내적으로 좋은 성품을, '미자'는 외적으로 아름다운 자태를 가리킨다. 세상을 덮을 만한 재주는 양질에 미자를 갖추어야 한다고 갈파함으로써 시에 생명력을 불어넣었다. 초패왕 항우의 〈해하가(垓下歌)〉가 연상된다. 항우는 실패한 장수다. 정말 멋진 장수였지만 '산을 뽑을 만한 힘, 세상을 덮을 만한 기개[力拔山氣蓋世]'만으로는 성공하기 어렵다. 백사는 이를 의식한 듯, 진정한 재주는 안과 밖을 갖추어야 한다고 하였다. 위대한 통찰이다. 한 예로 '2015 개정 교육과정'에서 추구하는 인간상이 창의융합인재다. 이는 인문학적 상상력과 과학기술의 창조력, 올바른 인성을 지닌 인간을 말한다. 백사의 인재상과 일맥상통하는 것으로 보인다. 백사는 장판개 명창을 이런 인재상의 대표적 사례로 들면서 재주만 키우는 오늘날의 교육 행태를 넌지시 비판하고 있다.

제2구에서 "대궐의 성대한 잔칫날, 꽃이 활짝 피었다"라 하였다. 장판개 명창의 소리 인생이 절정에 이르렀음을 읊은 것이다. '봉궐(鳳闕)'은 중국 한나라 때 궁궐 문 위에 구리로 된 봉황 장식을 설치하였던 데서 유래한다. 봉황은 태평성대와 하늘이 내린 권력을 의미한다. 이는 제3구의 학무순일(鶴舞舜日), 끝 구의 벽오(碧梧)로 연결된다.

제3구에서 "학이 춤추던 좋은 시절 / 잠깐 동안 꿈결 같았지만[鶴舞舜日片時夢]"이라 하였다. 영광의 시간이 길지 않았음을 아쉬워하는 내용이다. 여기서 '학무(鶴舞)'는 장판개 명창의 활동을 가리키고 '순일(舜日)'은 순임금 때같이 좋은 시절을 의미한다. 장판개 명창의 본래 이름을 이끌어 '학무순일(鶴舞舜日)'이라는 멋진 시어를 창조하였다. 기발한 착상이다. 제3구는 화무십일홍(花無十日紅)의 또 다른 표현이다.

끝 구에서 "벽오동 손수 심은 걸 애오라지 위로한다[聊慰碧梧手曾栽]"라 하였다. 『장자』「추수(秋水)」편에 보면 "봉황은 벽오동 나무가 아니면 깃들지 않고 대나무 열매가 아니면 먹지 않고 예천(醴泉)이 아니면 마시지 않는다"라는 말이 있다. 옛 선비들은 벼슬할 날을 기원하면서 벽오동을 심었다. 송강 정철은 귀양지에서 복권을 기원하면서 "다락 밖에 벽오동나무 있건만 / 봉황새는 왜 아니 오나 / 무심한 조각달만이 / 한밤에 홀로 서성이누나"라고 읊었다. 기생 황진이는 님을 기다리면서 "벽오동 심은 뜻은 / 봉황을 보렸더니 / 내 심은 탓인지 / 기다려도 아니 오고 / 밤중에 일편명월만 / 빈 가지에 걸렸어라"고 읊었다. 백사는 이런 의미들을 이미 고려한 가운데, 장판개 명창이 판소리의 미래를 다진 것을 설파하였음직하다.

실제로 장판개 명창이 심은 벽오동은 봉황을 불러들였다. 그의 가계는 4대째 이어가는 판소리 명가를 이루어 '판소리 명가 제1호'로 자리매김 되었다. 장판개 명창을 봉황으로 높이고 〈봉황가〉를 선보인 백사에게 봉황장(鳳凰章)을 드린다. 〈최규학〉

23
꽃 가운데 신선 이화중선(李花中仙)

蓮出淤泥香自淸
流水滔滔活潑聲
去留無滯彩仙後
滿庭秋月動人情

진흙탕에서 나온 연
그 향기 스스로 맑고
도도히 흐르는 물
그 소리 팔팔도 하여라.

오고 감에 막힘이 없으니
진채선(陳彩仙)의 후신이런가.
뜰에 가득한 가을 달빛
사람의 심정 흔들어놓네.

해설

'꽃 가운데 신선', 이화중선 명창(1898-1944)[50]은 전라남도 목포 출신으로, 남원에서 오래 살았다. 본관은 경주다. 그는 천대 받던 가정에서 태어나 처음에는 평범한 아낙의 길을 밟았다. 그러나 주머니 속 송곳처럼 타고난 끼는 주체할 수 없었다. 예술의 길, 자유로운 삶을 찾아 헤매다가 송만갑·정정렬을 만나 여류명창으로서의 입지를 굳혔다. 타고난 DNA가 있었는지, 그 여동생 이중선(李中仙: 1903-1935)도 명창으로 이름을 얻어 당시 사람들이 '두 사람의 진채선[兩彩仙]'이라 하였다 한다.

화중선은 심청가를 잘 하였다. 특히 심청이 인당수(印塘水)에 빠지는 대목, 〈추월만정(秋月滿庭)〉 대목은 음반을 듣는 사람의 감정을 뒤흔들기에 족하다. 〈추월만정〉을 들은 나의 느낌은, "뜰에 가득한 가을 달빛, 사람들 눈물 흐르게 한다[滿庭秋月令流涕]"이 한 구절로 요약하고 싶다. 이밖에 단가 〈소상팔경(瀟湘八景)〉이라든지 남도 민요 등도 대단하다. 그의 목소리는 쇄옥성(碎玉聲)으로, 연마를 필요로 하지 않을 정도였다고 한다. 또 남들이 힘들다고 하는 대목을 너무나 쉽게 불러, 도리어 남들이 '시난여이(視難如易)'를 흠으로 여겼다 한다.

연출어니(蓮出淤泥)에 비할 만한 배경들, 물 흐르듯 순하면서도 절

---

50 사전류에는 몰년이 '1943년'으로 되어 있으나 '1944년'이 정확하다. 1944년 1월 1일, 일본의 나가사키현 가와타나(川棚町) 공장에 강제 동원된 조선인 근로자들을 위해 공연을 하겠다며 소형 어선을 탔다가 풍랑에 휩쓸려 세상을 떠났다. '스스로 투신자살했다'는 것은 낭설이다.

제된 에너지가 감춰져 있는 소릿속, 자유로운 삶과 예술을 찾아 헤맸던 발자취, 일본에 공연을 갔다가 연락선 전복 사고로 삶을 마감한 최후 광경 등을 되짚어보니 실로 파란만장(波瀾萬丈)이다. '오고감에 막힘이 없는 사람이 신선[去留無滯是爲仙]'이라면, 신선되기를 희구했던 낭원화(閬苑花)의 최후를 너무 슬퍼하지는 말자. '성고만장(聲高萬丈), 애이불비(哀而不悲)' 여덟 자를 만사(輓詞)로 삼는다. (下平聲 庚韻, 2020. 5. 5)

관극시

李花中仙國唱(벽소 이영민)

金盤滴滴萬珠鳴
顆顆春風秋月生
唱到沈淸將沒處
山龍叫絶水神驚

금쟁반에 똑똑 구슬 떨어지는 소리
알알이 봄바람과 가을달이로다.
심청이 물에 빠지는 대목에 이르면
산룡도 절규하고 수신도 놀란다네.

감상평

이화중선의 판소리처럼 심금을 울리는 시다. 화중선은 심청이 인당수에 빠지는 대목을 매우 잘 불렀는데, 그 자신도 물에 빠져 세상을 떠났다. 동년배로 〈사(死)의 찬미〉를 부른 한국 최초의 여류 성악가 윤심덕(尹心悳: 1897-1926)이 현해탄에서 뛰어내린 사연이 떠오른다.

첫 구 '연출어니향자청(蓮出淤泥香自淸)'에서 주돈이의 〈애련설(愛蓮說)〉 구절이 자연스럽게 배어난다. 〈애련설〉에 나오는 '연출어니(蓮出淤泥)'가 '향원익청(香遠益淸)'과 결부되어 향자청(香自淸)이 오버랩

된다. 화중선의 특징을 "진흙탕에서 나온 연, 그 향기 스스로 맑다"라고 표현하여, 당시의 혼탁한 사회 분위기나 출신 배경을 이화중선의 예술세계와 절묘하게 대비시켰다. 연꽃은 예쁨을 탐하는 꽃이 아니다. 처염상정(處染常淨)과 화과동시(花果同時)의 특성을 갖는다. 백사는 화중선의 특성이 이와 같음을 갈파하고 있다.

둘째 구에서 화중선의 천부적인 자질을 '유수도도활발성(流水滔滔活潑聲)'으로 묘사하였다. 살아 있는 신선한 은유다. 소리의 겉과 속을 절묘하게 표현한 것이다. 백사의 안목을 엿볼 수 있다.

이어서 화중선을 한국 최초의 여성 판소리 명창인 진채선(陳彩仙)의 후예로 인정하고 화중선의 절창인 심청가 〈추월만정〉을 인용하여 "뜰에 가득한 가을 달빛, 사람의 심정 흔들어놓네"로 마무리하였다. 〈추월만정〉은 심청이 환생하여 황후가 된 뒤 아버지가 그리워 잠을 못 이루며 부르는 대목이다. 진양 장단에 구슬픈 계면조로 부르는 것이어서 사람의 감정을 뒤흔든다. '추월만정은 화중선이다'로 시를 마무리하면서 시 창작 능력을 유감없이 발휘하고, 화중선에 대한 남다른 감정을 잘 드러냈다. 〈최규학〉

24
가야금병창의 아버지 오태석(吳太石)

一時獨擅劇風流
優孟後身鮮見儔
倻琴倂唱開山祖
瀟湘歌高月瀉樓

한 때 창극계[51]를 독차지한 분
우맹(優孟)[52]의 후신인 듯
그 짝을 보기 드물었네.

가야금병창의 개산조[53]
소상팔경 노랫소리 높을 때
달빛이 누각에 쏟아졌네.

해설

  '가야금병창의 아버지' 오태석(吳太石: 1895-1953) 명창은 전라남도 순천시 낙안면 출신이다. 가야금산조와 가야금병창의 명인이었던 오수관(吳壽寬: 1867-1927)의 아들이다. 오수관은 가야금산조를 처음 만든 김창조의 문인이다. 오태석은 어린 시절부터 아버지의 영향을 많이 받았다. 나중에는 순천의 박덕기(朴德基)에게 가야금을, 국창 송만갑에게 판소리를 수학했다고 한다. 29세에 상경하여 조선음률협회, 조선성악연구회, 조선음악연구회 등에서 폭넓게 활동했다.

  오태석은 가야금병창의 시조로 받들어진다. 병창은 물론 산조에도 일가를 이루었다. 문하에서 박귀희(朴貴姬: 1921-1993), 정달영(鄭達榮: 1922-1997), 장월중선(張月中仙: 1925-1998) 등이 배출되었다. 박귀희·정달영이 중요무형문화재로 지정되었고, 현재는 안숙선(安淑善)·강정숙(姜貞淑)·강정렬(姜貞烈)이 그 자리를 이어받았다. 오늘날 가야금병창은 전통성악의 한 장르로 굳게 자리를 잡았다. 오태석의 공이 크다. 그를 '가야금병창의 개산초조(開山初祖)'로 일컫는 것은 당연하다. 남긴 음반도 많은 편이다. 대부분 단가와 판소리 눈대목, 남도잡가 등이다.

---

51 劇風流: 창극 또는 창극계를 일컫는 말. 자하 신위가 처음으로 사용하였다.
52 優孟: 중국 춘추시대 초나라 장왕(莊王) 때의 창우(倡優). 익살꾼으로 이름을 날렸으며 웃기는 이야기로 세태와 인심을 풍자했다. 배우희(俳優戲)의 선구자라 할 수 있다. 『사기』 권126, 「골계열전(滑稽列傳)」 참조.
53 開山祖: 절이나 종파를 개창(開創)한 시조. 뒷날 어느 한 분야를 처음으로 연 사람을 일컫는 말로도 사용되었다.

오태석은 타고난 광대였다. 그의 소리는 청이 높고 리듬이 빠르다. 높은 청, 힘 있게 뻗는 점을 보면 송만갑의 소리를 쏙 빼닮았다. 시김새나 감정 표현 등에서는 임방울 소리와 흡사한 측면이 있다. 〈쑥대머리〉 병창을 듣노라면 임방울의 소리인지 오태석의 소리인지 분간을 못할 정도다. 제일류 명창이라 하는 데 손색이 없다. 어느 면에서 병창에 소리가 가려진 점이 있다.

또 하나 간과할 수 없는 측면이 연기력이다. 그는 1930년대 창극무대에서 최고의 광대로 대우를 받았다. 박황은 『판소리 이백년사』에서 그를 '흉내와 재치의 화신'이라 하면서 '세기의 명배우'로 높이 평가하였다. 그는 일인묵극(一人默劇: 無言劇)으로도 이름을 날렸다. 창극계에 팬터마임(pantomime)을 처음으로 선보인 셈이다. '왼쪽 눈으로는 웃고 오른쪽 눈으로는 운다'고 할 정도였으니 그 연기력을 짐작할 만하다. (下平聲 尤韻, 2020. 5. 24)

관극시

伽倻琴師吳太石(벽소 이영민)

桐板金絲巧且精
五音切切月邊生
彈至皇英湘水曲
魚龍起舞鳳鸞鳴

오동 판과 금빛 줄
교묘하고 정밀한데
스르렁대는 오음 소리
달빛 가에서 생기는 듯.

아황 여영의 슬픔 어린
소상팔경 연주할 때
어룡(魚龍)이 춤추고
난새 봉새 우는구나.

감상평

　가야금병창의 개산조 오태석 명창을 기린 시다. 우맹(優孟)과 소상(瀟湘)을 핵심 주제어로 삼고 오태석을 특별한 존재로 끌어내는 데 성공하였다. 오태석은 일제강점기에 연주와 소리로 애달픈 민중에게 용기와 희망을 준 전설적인 예인이다. 오늘날 청소년들의 우상인 아이돌 같은 존재였다. 그는 가야금 명인이었고 판소리 명창이었으며 끼가 넘치는 광대였다.

"우맹(優孟)의 후신인 듯 그 짝을 보기 드물었네" 구절에서 시작(詩作) 의도를 엿볼 수 있다. 우맹은 보통 배우가 아니었다. 왕의 생각과 행동까지 변화시킨 행동하는 지식인이었다. 그와 관련된 고사로 '우맹의관(優孟衣冠)'이 있다. 이는 가짜가 진짜처럼 행세하는 경우나 사이비 예술 작품을 지칭하는 것으로 사용되기도 한다. 그러나 여기서는 명배우가 어떤 일을 풍자하는 경우를 빗댄 것임에 분명하다.

백사는 이 시의 방점을 끝 구절, 즉 "소상팔경 노랫소리 높을 때 달빛이 누각에 쏟아졌네[瀟湘歌高月瀉樓]"라고 한 데 두었다. 소상팔경은 소수(瀟水)와 상수(湘水)가 만나는 지역의 빼어난 여덟 곳의 경치를 말한다. 여기서 소상팔경을 언급한 것은, 일차적으로 오태석이 잘 연주하는 단가가 〈소상팔경〉이기 때문일 것이다. 그러나 조금 더 철학적으로 관찰하면, 리얼리즘을 지향하는 것을 의미한다. 리얼리즘은 현실을 있는 그대로 객관적으로 묘사, 재현하려고 하는 예술상의 경향과 태도를 말한다. 남종화 풍의 관념산수(觀念山水)에서 벗어나 진경산수(眞景山水)를 그린 겸재 정선을 비롯하여 공재 윤두서, 단원 김홍도, 혜원 신윤복의 예술 경향이 이에 해당한다. 이는 사실이나 진실에 가까이 가려는 태도라는 데 의의가 있다. 백사는 단가 〈소상팔경〉을 통해 거짓과 부정이 판치는 세상에 질타를 가하려 하였다. 진실의 노랫소리가 높아질 때 행복이 달빛처럼 쏟아진다고 여겼다. '월사루(月瀉樓)' 비유는 단순히 '스포트라이트를 받은 것' 정도로 이해하고 말 것이 아니다. 〈최규학〉

25
가야금의 선인(仙人) 심상건(沈相健)

不繫無碍伽琴仙
獨得妙處語未傳
隨興輒彈眞散調
泠泠聲中雁影聯

매이지 않고 걸림 없는
가야금의 선인(仙人).
홀로 터득한 묘처는
말로 전하지 않았네.

마음 따라 즉흥연주 즐긴 분
그야말로 흐튼가락이었네.
맑고 시원한 소리 속에
기러기 그림자 줄지어 나네.[54]

해설

야금선(倻琴仙) 심상건(1889-1965) 명인은 충청남도 서산 출신으로 본관은 청송이다. 가야금산조의 창시자 김창조(金昌祖: 1856-1919)[55] 이후, 자기만의 독특한 경지를 개척하여 일가를 이루었다. 예인(藝人) 집안의 영향을 받아 일찍부터 발군의 실력을 보였는데, 가야금은 물론 거문고·양금·해금 등 사현(絲絃)이라면 못 다루는 것이 없었다. 가야금병창 역시 전설적 명인으로 인정을 받는다.

그는 '횡탄(橫彈)'의 대명사다. 가로로 놓고 타기 때문에 붙인 이름이 아니다. 불계무애(不繫無碍)의 정신과 기량으로 타는 것이 횡탄이다. 그는 한 마디로 그물에 걸리지 않는 바람이었고 그의 연주는 '자유자재(自由自在)' 그것이었다.

심상건의 가야금산조는 그 특징이 두드러진다. 첫째, 즉흥성의 측면에서 타의 추종을 불허하였다. 전하는 바에 따르면 그는 산조를 연주할 때마다 새로운 가락으로 연주하였고, 즉흥연주를 하는 유일한 명인이었다고 한다. 둘째, 남이 흉내낼 수 없는, 자기만의 경지를 개척하여 색깔을 분명히 드러냈다. 사승(師承)과 계보를 중시하는 측에서 보면 분명 이색적인 유(流)가 아닐 수 없다. 그가 스스로 터득하였다는 조율법과 가락은 다른 사람들의 것과 확연히 다르다. 셋째, 산조의 가락에 정악 가락 일부를 슬쩍 넣어 우아한 맛을 살리고자 한 점이다.

---

54 가야금 열두 줄의 비유. 철을 따라 줄지어 날아가는 기러기 떼에 비유한다.
55 한국민족문화대백과에서는 생년을 '1865년'이라 하여 혼란을 주고 있다.

이것은 고제(古制)를 추구하는 집안의 음악 전통과 무관하지 않다고 본다. 그의 숙부가 중고제 판소리 명창 심정순(沈正淳: 1873-1937)이다. 심상건의 산조와 병창은 음반으로 전하고 있을 뿐 현재 전승이 사실상 끊어진 상태다. 그의 산조를 감상하는 이들의 안타까움이 크다.
(下平聲 先韻, 2020. 5. 22)

감상평

가야금산조의 명인 심상건을 기린 시다. 이 시의 포인트는 가야금과 산조에 있다. 가야금과 거문고는 우리나라 전통악기 가운데 대표적인 현악기다. 둘 다 오동나무로 만든다. 조선 중기 문신 상촌(象村) 신흠(申欽)은 "오동나무 천년 늙어도 항상 금곡(琴曲)을 간직한다[桐千年 老恒藏曲]"고 하였다. 오동나무를 절개와 연결시킨 명시구(名詩句)다. 백사는 이 시에서 이러한 정신을 배경에 깔고 있다.

첫 구는 '불계무애야금선(不繫無碍倻琴仙)'이라 하여, 가야금 연주자 심상건을 '불계무애의 선인'으로 규정하였다. 이는 유·불·선 삼교를 통합한 문장이다. 정자(程子)의 불계(不繫), 이백의 선(仙), 소성거사(小性居士) 원효의 무애(無碍)를 연상하게 한다. 또 심상건의 가야금이 흡사 원효의 무애바가지 같다는 느낌이 들게 한다.

제2구에서는 심상건이 가야금의 정수(精髓)를 깨쳤음을 설파하였다. 심상건은 일찍이 가야금을 스스로 터득하였음을 고백한 바 있다. 그의 가야금 연주는 일대 변풍(變風)을 일으켰다. 그는 즉흥연주가 가능한 유일한 명인으로 평가 받았다.

제3구에서는 흥을 따라 마음 가는대로 연주하는 것이 진정한 흐튼가락이라고 산조를 정의하였다. 여기서 흐튼가락은 산조(散調)를 가리킨다. 산조는 남도 계면조에 바탕을 둔 무속음악 시나위와 판소리 선율을 재구성하여 연주한다. 정악에 대비되는 서민음악이다.

끝 구에서는 "맑고 시원한 소리 가운데 줄지어 나는 기러기 그림자"라 하여, 자신의 생각을 심고 시에 맛과 멋을 더하였다. 백사는 산조의 소리를 '영령(泠泠)'한 것으로 상징함으로써, 서민들을 깨우치며 애환을 힐링하는 소리임을 강조하였다. 가야금 열두 줄을 비유한 '안영련(雁影聯)' 세 글자는 시각적 효과가 높을 뿐만 아니라, 이 시에 생명을 부여한 경구다. '줄지어 나는 기러기의 그림자'는 백사의 철학과 신념을 압축한 것이다. 신조(信鳥)인 기러기처럼 평생 사랑을 배반 말고 함께 가며, 좋은 소식을 널리 전하라는 웅변이기도 하다. 또 심상건이 가야금 소리를 이었으니 누군가 끊어진 그 소리를 다시 이었으면 좋겠다는 소망을 담은 것으로 해석하고 싶다. 〈최규학〉

26
판소리 새 장을 연 가선(歌仙) 정응민(鄭應珉) 二首

荊山眞璞和氏知
蘊藏不沽期無疵
慇懃常待賈善價
美玉出櫝正得時

형산(荊山)의 참 옥덩이
화씨(和氏)가 알아보았네.
감춰두고 팔지 않은 채
하자 없기를 기약하였네.

좋은 값에 팔 수 있기를
은근히 늘 기대하였더니
궤에서 미옥을 꺼내자
바로 때를 얻었구나.

去俗就雅一片心
掩耳不聞衰世音
盈庭諸子皆鸞鳳
縹緲歌壇捲霧沈

'속'을 버리고 '아'로 나아감은
한 조각 붉은 마음이어라.
도덕이 시든 세상의 소리는
귀 막고 듣지 않았다네.

뜰 안 가득한 여러 제자
모두들 난새 같고 봉황 같아
어렴풋하던 가단(歌壇)의
짙은 안개를 걷어내더라.

해설

정응민(1896-1964)[56] 명창은 전라남도 보성 출신이다. 아호는 송계(松溪)요, 본관은 하동(河東)이다. 박유전으로부터 내려오는 서편제 소리를 다듬고 다시 짜서 '보성소리'로 거듭 나게 한 사람이다. 박유전(朴裕全) → 정재근(鄭在根) → 정응민 → 정권진으로 이어지는 심청가 보성소리는 1974년에 중요무형문화재로 지정되었다.

일찍이 서울로 올라가 조선성악연구회에 참여하여 활동하기도 했으나 곧 보성으로 내려와 농사를 지으면서 소리를 연마하고 제자를 양성하는 데 힘썼다. 그는 성량이 부족하여 실내 소리를 주로 하였다 한다. 전국적으로 널리 알려지지는 않았지만 그와 그 가문의 소리를 많은 사람들이 인정하였으며, 배우려는 이들이 몰려들었다. 제자가 많기로는 그를 따를 사람이 없다. 오늘날 보성소리가 판소리계의 중심축에 놓이게 된 것도 사실상 이 때문이다.

정응민은 창극의 영향으로 변질된 판소리를 거부하고 판소리의 본래면목(本來面目)을 되찾는 일에 매진하였다. 화씨벽 같은 대단한 보배도 밖으로 내돌리다보면 흠집이 난다는 생각에서, 조용히 때를 기다리며 세상이 알아줄 날을 기다렸다. 이것은 보성소리의 값을 높이는 데 크게 기여하였다. 그는 거속취아(去俗就雅)의 정신으로 판소리의 예술성을 높이는 데 진력하였다. 또 판소리의 사회적 영향을 고려

---

[56] 몰년이 사전류에 1961년, 1963년, 1964년으로 각각 다르게 기록되어 있다. 맏손자 정회천 교수의 증언을 따라 바로잡는다.

하여 저속한 사설과 가락을 정비하였다. 판소리 다섯 바탕 가운데 흥보가를 전수하지 않았던 것은 이와 관련이 있다. 근대 판소리계의 위대한 교육자인 그는 공자의 이른바 '남을 가르침에 게으름이 없다[誨人不倦]', '차근차근 순서대로 사람들을 잘 이끌어간다[循循然善誘人]'고 하는 정신을 잘 체득한 명창이라 하겠다. 중국 당나라 때 '팔대에 걸친 문장의 쇠약함[八代之衰]'을 일으켜 이윽고 고문(古文)의 시대를 열었던 한유(韓愈: 退之, 768-824)에 비할 만한 인물이다. (上平聲 支韻, 下平聲 侵韻; 2020. 5. 16)

贈名唱鄭應珉君 (벽소 이영민)

十年枉信入山耕
忽有淸歌滿座驚
數拍洞庭開玉鏡
桂宮秋月出雲明

산에서 밭가는 줄로
잘못 안 지 십 년.
홀연히 맑은 목소리에
온 좌중이 놀랐네.

몇 장단 '동정추월'[57] 부르니
옥경이 열리는 듯
월궁의 가을달
구름 속에서 나와 밝은 듯.

---

[57] 심청가 〈범피중류〉에 나오는 소상팔경의 한 대목.

감상평

'정응민 명창' 두 수는 정응민 명창을 기리는 북소리다. 그냥 북소리가 아니라 '변방의 북소리'다. 변방의 북소리는 비주류에 속한 사람들, 사회적으로 변방에 속한 사람들, 지방에 사는 사람들의 절규라는 의미를 내포한다. 어찌 보면 정응민 명창이 그렇고 백사 자신이 그렇다. 그러나 변방의 북소리는 중심을 깨우는 천둥소리다.

정응민 명창은 큰 아버지 정재근 명창과 함께 보성소리를 빛낸 인물이다. 고향인 보성에서 농사를 지으면서 후진들을 지도했다. 퇴계 이황이 만년에 고향 안동에 내려가 후학들을 양성한 것과 비슷하다.

변화는 중심이 아니라 변방에서 온다. 중심은 본질을 벗어나 변질되어 간다. 미국의 사회운동가 헬레나 노르베리 호지(Helena Norberg Hodge: 1946-)는 『오래된 미래-라다크로부터 배운다』란 책에서, 미래 사회 문제의 해법은 순수한 과거에서 찾을 수 있음을 말하였다. 전통의 가치가 보존된 과거=변방에 해법이 있다. 과거야말로 오래된 미래라 할 수 있다. 정응민 명창의 소리가 각광을 받게 된 이유도, 변방에 있음으로써 전통 판소리의 모습을 잘 간직하였기 때문일 것이다. 백사가 부여 소재 대학에서 순수함을 잃지 않고 '중심'에 충격을 주고 있는 것과 같다. 정응민은 변방에 있으면서도 정권진·성우향·성창순·조상현 같은 거목들을 배출했다.

두 수의 시는 긴 듯하지만 사실은 심플하다. 한마디로 '정응민은 화씨지벽(和氏之璧)'이다. 화씨 구슬의 주인공 변화(卞和)는 형산(荊山)에서 옥의 원석[璞]을 발견하고 두 대에 걸쳐 초왕에게 바쳤다. 그러나 보옥을 알아보지 못하는 그들에게 두 발뒤꿈치를 잘리는 형벌을 받았다. 초문왕 대에 이르러 왕이 비로소 알아보고 '화씨지벽'이라 명명하게 된다. 화씨벽은 중국의 역사를 지배한 최고의 옥이다. 첫 수는 정응민 명창이 화씨벽처럼 처음엔 인정받지 못하다가 나중엔 최고의 가치를 인정받게 되는 과정을 은유한 것이다. 실로 천재적 은유라 하겠다.

두 번째 수는 정응민 명창을 당나라 때 문호(文豪) 한유(韓愈)의 위상에 비하였다. 속(俗)을 멀리하고 아(雅)의 입장을 고수하여, 각기 문단과 가단(歌壇)의 쇠약함을 바로잡은 점이 비슷하다는 것이다. 이어서 난새나 봉새 같은 제자들을 육성하여 판소리계의 앞날을 밝혀주었음을 강조하였다. 이 시는 이 시대에 필요한 진정한 영웅이 누구인가를 정응민 명창의 사례를 통해 밝힌 선구자의 일갈(一喝)이다. 〈최규학〉

27
20세기 판소리의 신화 임방울(林芳蔚)

絶代聲音似獨偏
蓬頭鬼相萬口傳
春香淸怨難回雁
界調哀婉人淚濺
劇唱近世第一指
前身應是李龜年

절세 성음을 독차지한 분
"쑥대머리 귀신형용"
만인의 입에 오르내렸네.

춘향의 맑고 애처로운 원망[58]
회안(回雁)[59]을 어렵게 할 듯.
슬프고 구성진 계면조 가락
사람들 눈물 뿌리게 하네.

판소리론 근세에 첫손가락
전생에 이구년[60]이었으리라.

해설

'영원한 국창' 임방울(1905-1961)[61]은 전라남도 광산군(현재 광주광역시) 출신으로, 본관은 나주(羅州)다. 근세 최고의 판소리 명창으로 〈쑥대머리〉, 〈추억〉, 〈명기명창(名妓名唱)〉' 등 몇몇 음반을 남겼다. 그는 타고난 목소리를 '절세의 성음'으로 연마하였다. 그의 소리는 지금도 만인의 심금을 울린다. 전국 각지를 순회하며 무대에 오를 때에는 사람들이 몰려 고을이 빌 정도였다고 한다. 〈쑥대머리〉는 그를 대표하는 소리다. "오리정(五里亭) 정별(情別) 후로 일장서(一張書)를 내가 못 봤으니, 부모 봉양 글공부에 겨를이 없어서 이러는가? 연이신혼(宴爾新婚) 금슬우지(琴瑟友之) 나를 잊고 이러는가?" 춘향의 애달픈 청원(淸怨)이 귓전을 맴돈다. 1930년대에 벽소 이영민이 임방울의 공연을 보고 시 한 수를 남겼다. 임방울 명창의 득음과 우뚝한 위상, 그가 이끌던 창극단의 활동, 좌중을 압도하는 모습 등을 묘사하였다. 일제강점기 온갖 고통을 당하던 민중에게 판소리는 구원의 소리였고, 소리

---

58 淸怨: 애처로우면서도 아름다운 원망.
59 回雁: 철을 따라 남쪽이나 북쪽으로 돌아가는 기러기. 중국 당나라 때 시인 전기(錢起)의 시 〈귀안(歸雁)〉에 "二十五弦彈夜月, 不勝淸怨却飛來"라 한 구절이 있다. 소상강 달밤에 이십오현 금을 연주하니 돌아가던 기러기가 도중에 문득 날아왔다는 말이다. 탄금 소리에 담긴 이비(二妃: 순임금의 두 왕비)의 애처로운 원망을 그냥 넘길 수 없었기 때문이다.
60 중국 당나라 현종(玄宗) 때의 명창. 일찍이 이원(梨園: 민속음악원)에 들어가 창악(唱樂)으로 이름을 떨쳤다. 작곡과 악기에도 능하였다고 한다. 두보의 시 〈강남봉이구년(江南逢李龜年)〉 참조.
61 생년이 '1904년'으로 된 기록도 있으나 '1905년'이 맞다. 박녹주 명창이 생전에 자신과 동갑임을 증언한 바 있다.

마당은 극락정토였을 것이다. 벽소의 핍진한 시가 큰 울림을 준다.

임방울은 육십을 못 채우고 제자도 두지 못한 채 세상을 떠났다. 춘한(春寒)의 시기에 빨리 피었다가 일찍 진 진달래에 비할 수 있으려나. 장례식이 있던 날 2백여 명의 여성 소리꾼이 소복을 입고 상두꾼이 되었다고 한다. 그의 위상을 짐작하게 한다. 1997년부터 광주광역시에서 임방울국악제가 개최되어 오고 있다. (下平聲 先韻, 2020. 4. 18)

林芳蔚樂壇(벽소 이영민)

玉響金聲壯且淸
登筵無處不傾城
樂壇輒似蓮花界
萬壑千峯一磬鳴

금옥 같은 소리
웅장하고 맑아서
무대에 오르면
고을을 기울게 할 정도였지.

소리 마당은
곧 극락정토(極樂淨土)
이 골짝 저 봉우리에
경쇠 소리 울려 퍼지네.

감상평

　판소리계의 '백년 잉어' 임방울을 기린 시다. '방울'은 예명이고 본명은 승근(承根)이다. 그는 미성의 명창이면서 작사가, 작곡가, 편곡가이기도 하다. 이 시에서는 쑥대머리, 회안, 이구년을 핵심어로 임방울의 음악사를 현현(顯現)하였다. 구체적인 시어, 은유적인 시어를 번갈아 구사하였다. 벽소 이영민이 추상적이면서도 직설적인 시어를 활용한 것보다 독자에게 더 진한 감동을 주고 있다.

'절대성음사독편(絶代聲音似獨偏)'은 임방울의 성음을 극찬한 것이다. 임방울의 소리가 맑고 아름다우며 성량이 풍부하여 막힌 데가 없는 통성임을 말한 것이다. '봉두귀상만구전(蓬頭鬼相萬口傳)'은 〈쑥대머리〉가 임방울의 절창이었음을 말한 것이다. 그의 음반 〈쑥대머리〉는 식민지 조선을 비롯하여 일본·만주 등지에서 1백만 장 이상 팔렸다고 한다.

'춘향청원난회안(春香淸怨難回雁)'은 〈쑥대머리〉에 나오는 춘향의 애달픈 원망이 관중들의 가슴에 파고든 것을 말한 것이다. '회안(回雁)' 고사에 비유하였다. 달밤에 타는 금(琴) 소리, 그 속에 담긴 청원조 가락을 듣고 돌아가던 기러기가 다시 돌아왔다는 전기(錢起)의 시를 밑바닥에 깔았다. '회안' 고사를 이끌어 임방울의 가창력과 함께 시를 높은 수준으로 끌어올렸다. 일거양득의 묘수이다. "회안(回雁)을 어렵게 할 것"이란 표현은 이벽소의 "무대 오르면 고을 기울게 할 정도였지"라는 것보다 훨씬 격조 있는 시적 표현이다.

'계조애완인루천(界調哀婉人淚濺)'은 윗 구에서 이어지는 문장으로, 임방울의 춘향가 계면조 가락이 얼마나 진한 감동을 주었는지를 표현한 것이다. 임방울은 판소리의 전통을 지킨 사람, 서편제 소리의 최후 보루로 일컬어진다.

'전신응시이구년(前身應是李龜年)'은 임방울을 당나라 현종 때 명창 이구년의 현신으로 지목함으로써 임방울에게 영생을 부여하였다. 주자가 공자를 계왕성개래학(繼往聖開來學)으로 일컬은 것과 같은 맥락이다. 임방울의 예술정신이 끊어지지 않고 후인들에게 이어졌음을 함의한다.

송찬호(宋燦鎬: 1959-) 시인은 시 〈임방울〉에서 "노래 한 자락으로 비단옷을 지어 입었다는 그 백년 잉어를 나는 기다리고 있네"라고 읊었다. 여기서 백년 잉어는 임방울을 승천한 용에 비유한 멋진 시어다. 백사의 '이구년' 석 자는 이를 뛰어넘는 통찰로 보인다.

독일의 철학자 하이데거(Martin Heidegger: 1889-1976)는 "시인이란 신의 눈짓을 포착해서 자기 민족에게 전하는 자"라고 했다. 나는 시인 백사가 포착해서 전하려는 바를 높이 평가한다. 〈최규학〉

28
연잎의 푸른 구슬 같은 박녹주(朴綠珠)

一唱屢請洛下喧
風流諸子幾斷魂
淸曉荷綠珠三斛
透明玲瓏無可論

한 번 부르면 여러 번 청하니
장안(長安)이 떠들썩했었다지.
풍류 즐기는 여러 사람들
몇 번이나 넋이 나갔을까.

맑은 새벽 푸른 연잎에
구슬이 서른 말(三斛).
그 투명하고 영롱함을
논할 길 없어라.

해설

 춘미(春眉) 박녹주(朴綠珠: 1905-1979) 명창은 경상북도 선산(善山) 사람이다. 근대의 걸출한 여류 명창인 그는 연배상으로 이화중선과 김소희(金素姬)·박초월(朴初月) 사이에 있다. 영남 출신의 판소리 명창은 지금도 드물다. 아마도 금오산(金烏山)의 숙기(淑氣)가 불세출의 대명창으로 만들었을 것이다. 일찍이 사계(斯界)에 입문하여 송만갑·정정렬 같은 대명창에게 배웠고 거기에 독득지묘(獨得之妙)를 더하였다. 나는 그가 '푸른 구슬 서른 말'에 값하는 명창이라고 본다. 경향(京鄕)의 소문난 풍류가들에게 인기가 대단하였음은 물론이요, 특히 1930년대 소설가 김유정(金裕貞: 1908-1937)에게 수년 간 구애(求愛) 공세를 받았음은 잘 알려진 사실이다. 박녹주는 타고난 목청이 걸걸하여 남성다운 면이 있다. 동편제 소리에 잘 맞아 제 기량을 발휘할 수 있었다. 정노식이 "모지락스럽게 맺고 끊는 점이 그 특색을 보인다"(『조선창극사』)고 평을 한 것은, 그가 대마디 대장단을 중시했다는 말이다. 그는 선배 명창들의 법제와 더늠을 이어받아 후대에 전수했다. 가장 유명한 〈제비노정기〉는 서편제 김창환 명창의 것을 받아 완성도를 높인 것이다. 그는 흥보가의 일인자다. 〈제비노정기〉, 〈박타령〉, 〈비단타령〉 등은 그가 다시 짠 것이나 다름없다. 중년에 한쪽 눈의 시력을 잃고 검은 선글라스를 써야 하는 등 간난(艱難)을 겪었지만 많은 제자를 헌신적으로 양성하였다. 만년에는 창극으로 변질된 판소리의 본질을 되찾는 데 전념하였다. 판소리에 바친 일생, 예술적 성취는 연잎에 맺힌 푸른 구슬만큼이나 맑고 영롱하다. (上平聲 元韻, 2020. 5. 6)

國唱朴綠珠樂壇下(벽소 이영민)

錦幕千燈夜已晝
鸞姿燕態上筵遲
秋星欲散鴻將墮
正是春眉絶唱時

비단 장막에 수많은 전등
밤은 이미 대낮이라네.
난새 같고 제비 같은 자태로
느릿하게 무대에 오르네.

가을 별이 흩어지려 하는데
날던 기러기 땅에 떨어질 듯.[62]
바로 춘미 박 명창이
절창을 부를 때로다.

---

62 돌아가던 기러기가 박녹주의 소리를 듣느라고 정신을 팔다가 땅에 떨어질 정도라는 말.

감상평

  이 시에서는 박녹주 명창을 높은 톤으로 칭찬하면서도 고도의 절제미를 통해 평정심을 유지하였다. 첫 구에서 '일창누청낙하훤(一唱屢請洛下喧)'이라 하여, 박녹주 판소리의 인기를 현대 감각으로 실감나게 표현하였다. 여기서 낙하(洛下)는 중국 낙양(洛陽)의 별칭으로 우리나라에서는 서울의 별칭으로 사용되었다. 이어 '풍류제자기단혼(風流諸子幾斷魂)'으로 받았다. 얼마나 소리를 잘 하였으면 풍류객들이 넋이 여러 번 나가겠는가? 대단한 구절이다.

  이 시의 백미는 '청효하록주삼곡(淸曉荷綠珠三斛)'이다. 여기서 하(荷)는 연(蓮)이고 곡(斛)은 10말이다. "맑은 새벽 푸른 연잎에 구슬이 서른 말[三斛]" 이는 자연 서정을 표현 도구 삼아, 박녹주의 판소리 성취가 최고의 경지에 이르렀음을 은유적으로 표현한 것이다. 탁월한 시적 언어다. 새벽 연잎에 맺힌 이슬은 자연계에 맺히는 이슬 중에 최고의 크기와 영롱함을 자랑한다. 박녹주의 성취를 기막히게 상징한 것이다. 백사의 시 또한 구슬 서른 말의 가치를 갖게 한다.

  연잎은 불여악구(不與惡俱), 즉 나쁜 것과 함께 하지 않는 특징이 있다. 송강 정철도 "소나기 한 줄기 연잎에 쏟아졌건만, 물 묻은 흔적은 전혀 몰라보겠네. 내 마음도 저 연잎 같아서 더러울 줄을 모르고 싶구나"라고 읊었다. 백사는 박녹주와 그의 판소리를 연잎의 이런 특징에 빗대 위대한 예술가의 예술로 승화시키고 있다. 더 나아가 "그 투명하고 영롱함을 논할 길 없어라"라고 마무리하여, 무량한 존경심과 애정 표현으로 독자에게 깊은 공감과 울림을 주고 있다. 〈최규학〉

29
동초제의 시조 김연수(金演洙)

後發騈至駸駸然
鍊鐵成金綠芳肩
今世國劇執轡役
此老衣鉢次第傳

뒤에 떠나 나란히 도착함은
빠른 발로 달렸기 때문일 터.
무쇠 단련하여 강한 쇠로 만들어
녹방(綠芳)[63]과 어깨 견주었다네.

현대 국극(國劇)에서
말고삐 잡았던 분.
이 노인의 의발이
차례로 전해지는구나.

해설

　　김연수(1907-1974) 명창은 전라남도 고흥군 금산면 거금도의 세습무 집안에서 태어났다. 아호는 동초(東超)다. 1935년 29세 늦은 나이에 판소리에 뜻을 두고 유성준의 문하에 들어가 수궁가 한 바탕을 이수하였다. 이어 조선성악연구회에 들어가 송만갑·정정렬의 훈도(薰陶)를 받았다.

　　타고난 성음이 탁하고 성량이 부족하였으나 피나는 노력 끝에 득음을 하였다. 일찍 출발한 박녹주·임방울과 어깨를 겨룰 정도가 되었으니, 그 노력을 인정하지 않을 수 없겠다. 그의 아호 '동초(東超)'의 '超' 자에 남다른 의미가 있어 보인다.

　　그는 1950년대, 창극단을 이끌고 전국을 순회하며 공연을 하였다. 1962년 초대 국립창극단 단장이 되어 일제 시기 성행했던 창극의 부흥을 위해 힘썼다. 1964년 중요무형문화재 제5호 판소리(춘향가) 보유자로 지정을 받았다.

　　제자로는 김동준(金東俊: 1927-1990),[64] 오정숙(吳貞淑: 1935-2008), 박봉선(朴奉仙: 1934-), 박옥진(朴玉珍: 1934-2004) 등이 있다. 의발(衣鉢)을 오롯이 전해 받은 사람으로는 단연 오정숙을 꼽아야 할 것이다. 오정숙과 그의 제자 이일주(李一珠: 1935-)가 많은 제자를 양성하여 전주 지역을 중심으로 문파(門派)를 이루었다. 오늘날 보성소

63　綠芳: 박녹주와 임방울.
64　생년이 호적에는 '1928년'으로 되어 있으나 실제는 '1927년'이라 한다.

리와 동초제 소리가 양대산맥을 이룬 감이 있다. 동초제 판소리의 비조(鼻祖) 김연수 명창! 그는 제자를 잘 둔 사람이다. 신재효 이후 판소리 다섯 바탕의 사설을 고정(考正)하여 각각 창본(唱本)을 낸 일로도 유명하다. 창본의 중요성을 일깨운 점은 판소리사에 특기해야 할 일이다. (下平聲 先韻, 2020. 5. 7)

관극시

金演洙樂壇(벽소 이영민)

錦山吹出一名才
隨處春風樂府開
聲入中天星月動
簫仙的歷玉京來

금산이 한 재주꾼 불어서 냈으니
봄바람에 곳곳마다 소리판 열었네.
중천의 별과 달도 감동하는 소리
소선(簫仙)은 옥경에서 온 게 분명하군.

감상평

　동초제 판소리의 시조 김연수 명창을 기린 시다. 헤겔은 "예술은 과학적 오성을 능가하는 이성의 산물이다"라고 말했다. 예술이 신적이고 무한한 것을 담고 있다는 말이다. 판소리나 백사의 시가 이에 딱 맞아 떨어진다. 판소리는 귀로 듣는 예술이 아니다. 영혼으로 듣는 예술이다. 판소리에는 영혼을 어루만지는 위로가 있으며 정신을 일깨우는 철학이 있다. 백사의 시 또한 독자의 마음과 정신에 무한 감동을 준다.

제1연에서는 김연수가 늦은 나이에 판소리에 입문하였지만 짧은 기간에 대가가 되었음을 말하였다. 게으른 사람들에게 보여주는 롤모델이요 깨우침을 주는 정문일침(頂門一鍼)이다.

제2연에서는 김연수의 인간 승리를 말하였다. 무쇠를 달구고 두드려서 강한 쇠를 만드는 것처럼, 판소리를 연마하여 박녹주·임방울 명창과 어깨를 나란히 할 정도가 되었다는 것이다. '연철성금'은 이럴 때 사용하는 명구라 하겠다.

제3연에서는 김연수가 근세 창극 발전을 주도하였음을 말하였다. 김연수는 판소리 명창, 창극 배우, 연출가, 예술행정가 등 다방면으로 활약하였다. 한편으로 조선창극회, 조선창극단, 우리국악단, 김연수창극단 등을 이끌었다.

김연수는 1967년 판소리 다섯 바탕을 자신의 판소리 이론에 맞는 소리로 완성했다. 이른바 '동초제 판소리'가 탄생한 것이다. 그는 '창극 판소리'의 새로운 창법을 개발하여 판소리에 새바람을 불러일으켰다. 판소리 다섯 바탕의 창본(唱本)을 냈다. 사설에 장단을 붙이고 발성법을 첨부하여 후생들에게 좋은 교육 자료가 되도록 하였다. 동리 신재효에 버금가는 업적이라 할 만하다. 한편 DBS 동아방송에서 판소리 다섯 바탕을 전판 녹음하여 140회에 걸쳐 방송하였다. 초인적인 기록이요 한국 판소리사에 영원히 기록될 금자탑이다.

마지막 연에서는 김연수 명창의 판소리 전수를 불교식으로 표현하였다. '의발(衣鉢)'은 가사와 바리때를 가리킨다. 스승이 제자에게 전해 주는 불교의 교법(敎法)이나 오의(奧義)를 비유적으로 이르는 말이다. 의발은 아무에게나 전수하지 않는다. 중국 선종의 초조(初祖) 달마(達磨)는 제2조 혜가(慧可)가 왼팔을 잘라 결연한 의지를 보인 것을 보고 의발을 전수했다고 한다. 김연수는 오정숙에게 의발을 전하여 동초제가 계속되도록 하였다. 오정숙은 세상을 떠난 뒤에도 스승의 묘역에 잠들어 있다.

〈백조의 노래〉는 백조가 죽을 때 마지막으로 부르는 노래다. 김연수에게 백조의 노래는 〈사절가(四節歌)〉일 것이다. "이산 저산 꽃이 피면… 분명코 봄일레라…" 비발디의 〈사계〉보다 위대한 김연수의 〈사절가〉는 백사의 시와 함께 사시사철 끊어지지 않으리라. 〈최규학〉

30
저녁 물가의 백학 같은 김소희(金素姬)

靑娘時節作歌星
知命年前享百齡
白鶴長唳衆禽靜
何日復見橫晚汀

새파란 아가씨 시절에
가단(歌壇)의 별이 되더니
지천명(知天命) 나이도 못 돼
백수(百壽)를 누리었네.

백학(白鶴)이 길게 우니
뭇새가 모두 입을 다물었지.
저녁 물가 횡비(橫飛)하는 모양
언제 다시 볼거나.

해설

김소희(1917-1995) 명창은 전라북도 고창 출신이다. 아호는 만정(晩汀)이다. 1930년대부터 약 60년간 판소리계 최정상에서 활동하였다. 일찍 피어 오래도록 붉음을 지킨 꽃과 같다. 만 46세에 중요무형문화재 제5호 보유자로 지정을 받은 그는 가(歌)는 물론 무(舞)·악(樂)에도 뛰어났다. '삼절예인(三絶藝人)'이라 일컬을 만하다.

'晩汀'이라는 아호가 시사하는 바 있다. '날 저무는 물가'에는 백학(白鶴)이 제격이다. 백학은 고결한 자태와 삶, 맑고 아름다운 소리를 연상케 한다. 실로 그는 백학 같은 삶을 살다가 갔다. 저물녘을 뜻하는 '晩' 자도 지나쳐 보기 어렵다.

김소희는 송만갑·정정렬에게 배워 판소리의 적통을 계승하였고, 수많은 제자들을 양성하였다. 걸출한 제자가 많이 나왔다. 만정문(晩汀門)에 사람이 많이 몰린 이유를 뛰어난 그의 소리에서만 찾을 것인가. 교육자, 아니 스승으로서의 인품을 빼놓으면 설명하기 어려울 것이다.

그는 참으로 청미(淸美)한 목소리를 타고 났다. '여금여옥성무적(如金如玉聲無敵)'[65]이라고나 할까. 이른바 천구성(天具聲), 이것만으로도 명창 고지에 반쯤 도달했다고 할 수 있다. 어떤 소리든지 빈틈이 없지만, 특히 애원조(哀怨調) 소리는 청중의 심금을 울린다. 애초 두 수의 시를 구상했으나, 더는 군더더기요 외람이다.

---

[65] 금이나 옥의 소리와 같아 대적할 사람이 없다는 말.

1930년대에 벽소 이영민이 김소희를 기린 시 한 수가 있다. 이 시에서 김소희를 월궁(月宮) 광한전의 벽도화, 단계화에 비하였다. 아양곡은 백아(伯牙)가 탔다는 악곡이요 지음(知音)은 그의 벗 종자기(鍾子期)다. 이영민이 '아양곡'과 '지음'을 말한 것은, 김소희가 판소리는 물론 시조·가사·가곡, 가야금·거문고·양금 등에 두루 능했고, 또 그 계통에서도 알아주었기 때문이다. 36세나 적은 김소희에게 '지음' 운운한 것은 그를 매우 아꼈다는 말이다. 아아, 1백 년 이내에 다시 보기 어려운 명창이 아닐까. (下平聲 靑韻, 2020. 4. 24)

관극시

贈名唱金素姬娘 (벽소 이영민)

碧桃丹桂廣寒春
何事飄零染世塵
久抱峨洋賞音少
月明飛到漢江濱

봄날 광한전(廣寒殿)의
벽도화, 단계화
무슨 일로 우수수 떨어져
진세(塵世)를 물들였을까.

아양곡 오래 마음에 두어왔으나
지음(知音)이 적더니만
달빛이 밝아[66] 한강가로 날아왔네.

---

[66] 조조(曹操)의 〈단가행(短歌行)〉에 '월명성희(月明星稀)'란 말이 있다. 달빛이 밝으니 별이 드물다는 뜻으로, 뛰어난 사람이 나오면 못난 사람은 숨어버린다는 말이다.

감상평

　칠언시 한 수에 김소희 명창의 전기집 한 권을 담아냈다. 만정은 19세기 말 흥선대원군의 총애를 받았던 진채선(陳彩仙) 이래, 여창 판소리로 최고의 경지에 도달했다는 평을 듣는 명창이요 종합 예술인이다. 시인의 화제에 오를 만한 인물이요, 그만큼 시의 위대함이 돋보인다.

　특히 해설에서 벽소 이영민이 만정을 기린 시를 소개하면서 "36세나 적은 김소희에게 '지음' 운운한 것은 그만큼 그를 아꼈다는 반증이리라. 아아, 1백 년 이내에 다시 보기 어려운 명창이 아닐까"라고 마무리 한 부분은, 백사가 만정을 '지음'으로 여기는 마음을 내보이면서 더욱 큰 공감을 불러일으킨다.

　이 시의 백미는 후정(後情) 부분에서 나타난다. '백학장려중금정(白鶴長唳衆禽靜), 하일부견횡만정(何日復見橫晩汀)' 표현은 신의 도움을 받아야 쓸 만한 구절이라 하겠다. 백학과 뭇새의 대비가 시의 메타포를 완성하여 시를 포이트리(poetry) 수준으로 끌어올렸다. 또한 김소희의 아호 '만정'을 풍경(風景)의 만정으로 차용하여 마무리한 부분은, 미켈란젤로가 버려진 바위에서 피에타를 캐낸 것처럼 보옥 같은 명구로 만들었다. 백거이가 〈야설(夜雪)〉에서 '다시 보니 창호가 밝았네[復見窓戶明]'라 하였듯이 백사에게 김 명창이 '부견횡만정(復見橫晩汀)' 하기를 빈다. 〈최규학〉

31
아미산의 초승달 같은 박초월(朴初月)

蛾眉初月待三五
一輪團圓照下土
前身赴宴龍宮人
平生歌談別主簿

눈썹 같은 초승달
보름날을 기다려.
바퀴처럼 둥글둥글
온누리 비추었네.

전생에 용궁 잔치
다녀온 분일런가.
평생토록 판소리로
별주부를 이야기하네.

해설

　박초월 명창(1916-1983)[67]은 전라남도 순천에서 태어나 줄곧 남원에서 살았다. 아호는 미산(眉山)이고 본관은 밀양이다. 판소리 성지 남원 사람이 동편제 소리를 공부한 것은 어쩌면 자연스러운 것이었다. 김정문(金正文)·송만갑이 그의 스승이다.

　그는 판소리 다섯 바탕 가운데 수궁가의 제일인자라 할 수 있다. 유성준(劉成俊: 1873-1949)의 소리제를 잘 이어받았다는 평을 받는다. 1967년 수궁가로 중요무형문화재 제5호 판소리 예능보유자가 되었다.

　박초월은 1930년대 말부터 박녹주·김소희와 함께 여류명창으로 손꼽혀 왔다. '트로이카(troika)'라고 해도 별로 지나치지 않다. 한국국악협회 이사장, 판소리보존회 이사장, 서울국악예술단 단장 등을 지냈다. 판소리계에서 그가 차지하는 위상을 보여준다.

　위 시에서 제1구, 2구는 '초월(初月)'이라는 예명을 화두로 초승달이 보름달로 성장, 성숙해 나간 점을 부각하였고, 제3, 4구는 그가 수궁가에 독보적인 존재라는 점을 염두에 두고, 전생에 용궁 잔치에 초대 받아 다녀왔을 것이라고 상상하면서, 평생토록 〈별주부전〉을 노래한 것이 우연이 아님을 강조하였다. (上聲 霽韻, 2020. 5. 7)

---

[67] 생년이 사전류에 따라 1913년, 1916년, 1917년으로 각각 다르게 기록되어 있다. 1913년 설은 이영민의 『벽소시고』에서 박초월에 대해 '癸丑生, 順天郡住巖面, 朴元穆三女, 學于宋萬甲'이라고 기록한 것에 근거한 듯하다. 그러나 실제는 1916년 9월 17일생이라 한다.

관극시

朴初月玉奩 (盧玉川)

蛾眉艶艶生初月
蓮步輕輕弄晚風
一上歌壇揮彩扇
人波浮動碧空中

아리따운 모습
초승달이 떠오른 듯.
사뿐사뿐 걸음걸이
저녁 바람 희롱하듯.

한번 무대에 올라
비단 부채 펼치면
인파가 푸른 하늘에
두둥실 뜰 정도라네.

감상평

 '아미초월(蛾眉初月)'처럼 아름다운 시다. 전편에 흐르는 영상이 꿈같은 이미지다. 관극시의 정수를 보여준다. 시의 구성은 간단명료하다. 선경부(先景部)에서 초승달과 보름달, 후정부(後情部)에서는 용궁잔치와 별주부가 전부다. 그렇지만 단순한 시재가 많은 의미를 함유하고 있다.

'아미초월대삼오(蛾眉初月待三五)', 즉 "눈썹 같은 초승달 보름날을 기다려"를 보자. 여기서 초월은 박삼순(朴三順) 명창의 예명을 가져다 그 의미를 살린 것이다. 삼오는 십오 즉 보름을 가리킨다. '아미초월대삼오'는 자연의 섭리이고 인간 세상의 진리이며 박초월의 성장 과정을 함의한다. 이러한 삼위일체의 표현법은 천재적이라 할 수 있다. 이 한 줄에 시 창작의 트라이앵글인 고백·묘사·발견이 다 들어 있다. 백사 자신의 인생 노정도 여기에 들어 있다고 본다.

이어 '일륜단원조하토(一輪團圓照下土)', 즉 "바퀴처럼 둥글둥글 이 땅을 비추었네"라고 받아서 박초월의 역정이 성공하였음을 밤하늘을 밝히는 달로 상징하였다. 이는 "쟈근 거시 노피 떠서 만물을 다 비춰니 밤듕의 광명이 너만 하니 또 잇나냐"라고 읊은 윤선도(尹善道) 〈오우가(五友歌)〉의 달보다 더 위력 있는 달이다. 박초월의 성취가 온 세상을 밝힐 정도라고 했으니 백사의 배포가 크긴 크다.

이어 후정에서 "전생에 용궁 잔치 다녀온 분일런가. 평생토록 판소리로 별주부를 이야기하네"라고 하였다. 박초월이 수궁가의 지존임을 자연스럽게 드러내면서 그것이 우연이 아닌 운명적임을 부각하였다. 이 역시 참신한 발상이다. 시의 멋과 맛을 즐기며 명창의 소리 세계를 그리는 것은 아무나 할 수 있는 게 아니다. 〈최규학〉

고수가 천직인 이정업(李正業)

依索弄扇走虛空
更路一轉克其終
適志怡神是正業
專門用力唯此翁

외줄 타고 부채 놀리며
허공을 달리더니[68]
길을 바꿔 고수가 되어
끝맺음을 잘 하였네.

뜻 맞아 마음 편안하니
바른 직업 아니더냐.
전문성과 적공(積功)으로는
오직 이 분을 꼽는다네.

해설

　명고수 이정업(1908-1974)[69]은 경기도 시흥(지금의 안산) 출신이다. 본명은 산준(山俊)이고 '정업'은 예명이다. 예인 집안에서 태어나 8세 때 줄을 타기 시작했다. 당시 줄타기의 일인자 김관보(金官甫) 명인을 사사, 20세 이전에 이미 전국 각지를 순회하며 줄타기 공연을 하였다. 한쪽 다리만 딛고 공연하는 '외웅잡이' 등 30가지 남짓한 재주를 익혔다.

　1930년대에는 조선성악연구회에 출입하면서 명고수 한성준으로부터 북장단을 배우기도 했다. 1960년 줄타기 공연을 하다가 사고로 한쪽 다리가 부러진 뒤, 진로를 바꾸어 전업 고수의 길로 들어섰다. 당대의 명창 임방울·김연수 등의 북장단을 거의 도맡았으며, 여타 명창들로부터도 예우를 받았다. 특히 김연수와는 죽을 때까지 콤비를 이루며 공연을 했다.

　그는 KBS 라디오 전속 국악합주단원으로 장기간 활동했다. 장단(長短)의 달인이었다. 고법은 물론 민요·가곡·가사·시조 등 영역을 불문하고 장단에 두루 달통하였다. 여타 고수들이 대개 북장단에만 밝았던 것과는 달랐다. 그의 고법의 핵심은, 소리꾼이 소리하기에 편한 '보비위(補脾胃) 북'이다. 소리꾼을 포근하게 감싸는 북가락과 추임새, 특별한 감수성으로 명성을 얻었다.

　전라도가 아닌 경기도 출신의 고수로, 그에 대한 평가에는 차이가

68　줄광대의 외줄타기를 '주삭(走索)'이라 한다.
69　공문서 기록인 예원국악단 명단(1956)에는 생년이 1904년으로 되어 있다.

있다. 그렇지만 그와 상대했던 명창들은 대부분 '한성준 이후 최고의 고수'로 평가하였다.[70] 1970년 서울신문사 제정 문화대상(기악 부문)을 수상했다. 이어 최초로 고법 부문의 중요무형문화재로 추천을 받았으나 곧 세상을 떠났다.

그의 이름 '정업(正業)'은 바른 직업, 바람직한 직업을 의미한다. 그에게 '정업'이란 자신의 뜻에 맞아 정신적으로 편안함을 누리는 직업이 아니었을까? 그는 분명 자신의 직업에 만족하였을 것이다. (上平聲 東韻, 2020. 6. 10)

감상평

백사의 관극시는 인간 존재를 탐구한다. 홍문표 시인은 "시란 존재의 리얼리티를 발견하는 작업이며, 기존의 통념을 해체하고 새롭게 사물을 명명하여, 새로운 의미를 창조하는 노력이라"고 하였다. 이 시에서는 이정업이라는 리얼리티에서 이정업의 본질을 새롭게 끌어냈다.

본질은 현상 그 속에 있다는 아리스토텔레스의 말처럼, 이정업의 본질을 이정업의 예술과 삶 속에서 조명하였다. 의삭농선(依索弄扇), 경로일전(更路一轉), 전문용력(專門用力) 같은 객관적 사실에 정업(正業), 극기종(克其終), 적지이신(適志怡神) 같은 주관적 의미를 부여하여 시를 완성하였다.

'의삭농선주허공(依索弄扇走虛空)'은 이정업의 외줄타기 모습을 절

---

[70] 민요 장단을 많이 치다보니, 잔가락(속칭 '또드락 장단')에 능하다는 평을 받았다. 남도 출신 고수들은 잔가락을 기피하는 편이다.

묘하게 압축한 것이다. 이 구문은 외줄타기 곡예에 대한 최고의 표현으로 그 짝을 찾기 어렵다. 필자도 '외줄타기'라는 시를 지은 적이 있는데, 백사의 이 한 문장을 따를 수 없다.

"맨땅 위를 걷기도 힘들거늘 밧줄 위를 걷는 사람이 있다. 외줄을 밟고 가는 곡예사의 걸음마다 눈물 자국이 보인다. 곡예사는 추락하지 않으려고 수없이 추락하였다. 추락하지 않은 사람은 추락하지 않을 수 없다. 무념무상으로 욕망을 버릴 때 비로소 나비가 되어 날 수 있다. 순간순간이 정지화면이다. 허이 허이 출렁거림은 오히려 아찔한 기쁨이 된다. 한 발자국만 헛디디면 곡예사는 추락한다. 언제 추락할지 모르는 외줄타기! 그러나 곡예사는 추락을 두려워하지 않는다."

'적지이신시정업(適志怡神是正業)'은 상용어를 활용하여 시어로 탈바꿈시켰다. 정업(正業)의 조건으로 적지(適志)와 이신(怡神)을 들었다. 이는 진로 교육의 정수를 설파한 것이다. 정업(正業)은 이정업의 이름이면서도 철학적 의미까지 더하고 있다. 불교에서 말하는 사성제(四聖諦)=고집멸도(苦集滅道)의 도제(道諦)인 팔정도의 정업(正業)을 중의하기 때문이다.

"전문성과 적공으로는 오직 이 분을 꼽는다네"로 마무리 한 것은 이정업의 실력이 최고였음을 재차 강조한 것이다. 실제 이정업은 우리나라 최초로 고수 부문 중요무형문화재로 추천되었으나 지정 전에 세상을 떠났다. 불우한 천재 고수라 하겠다.

이정업의 말년은 매우 불우하여 단칸방 생활을 하였다. 하나밖에 없는 손자마저 교통사고로 사망하여 대가 끊겼다. 이정업의 북장단이 백사의 명시와 더불어 영생하기를 기원한다. 〈최규학〉

온 바탕의 본을 보인 박동진(朴東鎭) 二首

忍苦得音名晚振
人百己千更無倫
赤壁壯歌指屈最
華容一場特爽神

인고(忍苦)로 득음하고
늦게야 이름 떨쳤네.
남이 일백이면 나는 일천
그런 분 다시 없으리.

남성미 있는 적벽가에서
최고로 꼽을 분
'화용도' 한 마당[71]에
속이 다 후련하네!

歡呼四座眞廣大
俚語諧詼看盆親
相伴鼓人朱鳳信
鼕鼕促急興轉新

좌중 환호케 하던 참 광대
상말과 익살이
더욱 친근하구려.

늘 짝이던 고수는 주봉신
둥둥 휘몰이 장단
갈수록 흥이 새롭다.

해설

박동진(1916-2003) 명창은 충청남도 공주 출신이다. 아호는 인당(忍堂)이다. 전라도 출신이 대다수인 이 계통에서 보기 드물게 충청도 출신이다. 여성 명창이 다수인 현대 국악계에서 원로로 존경을 받았다. 일찍 판소리에 입문하여 다섯 스승으로부터 다섯 바탕을 각각 배웠다. 또 '남이 백을 하면 나는 천을 한다'는 각오로 노력하여 득음의 경지에 올랐다. 그는 천재파(天才派)가 아닌 노력파다. 생활고에 허덕이다가 오십이 넘어서야 빛을 보았다. 동년배 김소희 명창에 비하면 거의 삼십 년 가량 늦다.

1968년 9월, 판소리 춘향가 한 바탕[一通][72]을 단번에 끝까지 연창(演唱)하였다. 다섯 시간 반이라는 기록을 세웠다. 인간의 한계에 도전한 이 사건은 그를 부동의 위치로 끌어올린 시발점이었다. '완창(完唱: 온 바탕)'이란 말이 사용되기 시작한 것은 이 무렵부터다. 온 바탕이 선을 보이면서 이제 '토막소리'로는 명창 소리를 듣기 어렵게 되었다. 큰 변화다. 1973년 적벽가로 중요무형문화재 제5호 예능보유자가 되었다.

박동진은 판소리 공연에서 서민들에게 친숙한 상말, 재담을 익숙하게 하여 늘 좌중의 환호를 이끌어냈다. 판소리가 서민 예술임을 잘 보여준 진짜 광대다. 창작 판소리의 선구자이기도 한 그는 〈예수전〉

---

[71] 조조(曹操)가 적벽대전(赤壁大戰)에서 패하여 화용도(華容道)로 도망가는 대목.
[72] 필자는 '완창'이라는 말을 잘 쓰지 않는다. '완전한 소리'로 오인될 수 있기 때문이다. 정확한 표현은 온 바탕, 즉 전창(全唱)일 것이다. 또는 한 바탕, 일통(一通)이라고 쓸 수도 있겠다.

등 여러 작품을 창작하였다. 대단한 역량이다. 공주 무릉촌(武陵村), 고향 마을에 그의 이름을 딴 판소리 전수관(傳授館)이 있다. (上平聲 眞韻, 2020. 4. 21)

감상평

　인당 판소리의 정수를 꿰뚫었다. 학이지지(學而知之)한 인당을 '인백기천경무륜(人百己千更無倫)'이란 멋진 시구로 표현했다. 특히 『삼국지연의(三國志演義)』의 백미인 적벽대전의 화용도 대목을 인용하여 인당 판소리의 핵심을 짚어냈다. '일고수(一鼓手) 이명창(二名唱)'이란 말과 같이, 일고수에 해당하는 박동진의 영원한 콤비 주봉신을 언급하여, 시를 판소리와 같은 체제로 완성한 것도 구성의 묘미를 더한다.

　화용도 대목은 조조와 관우의 우정의 화룡점정(畫龍點睛)이며, 관우를 중국 최고의 무장으로 등극하게 한 명장면이다. 제갈량이 엄중 경고하였음에도 관우는 조조를 살려주었다. 이것은 우정의 극치이며 무장으로서 의를 실천한 사건이다. 이로써 관우는 공자와 함께 문무이성(文武二聖)의 지존에 오르게 되었다. 인당의 노정도 이와 유사한 바가 있다. 판소리계의 관우가 되어 후학들의 존경을 영원히 받을 것이기 때문이다. 인당은 현재 공주시에서 강력 추진 중인 국립국악원 중부분원(中部分院)을 공주로 유치하는 근거이기도 하다. 〈최규학〉

34
가야금병창의 대모 박귀희(朴貴姬)

併唱何時占專門
歸雁絃裏尙遺魂
草創黌舍期百世
桂花滿庭去有痕

병창은 언제부터
전문 영역 차지했을까.
가야금[73] 열두 줄 속에
혼이 아직 남아 있는 듯.

국악학교 설립하여
백세를 기약한 분.
계화가 교정에 가득하니
가셨어도 흔적은 분명쿠려.

해설

　박귀희(朴貴姬: 1921-1993) 명창은 경상북도 칠곡 출신이다. 박녹주와 동향이다. 본명은 오계화(吳桂花), 아호는 향사(香史)다. 1935년 대구에서 보통학교를 졸업한 뒤 이로부터 약 10년간 박지홍(朴枝洪)·이화중선·장판개·조학진(曺學珍)·유성준·박동실(朴東實) 등 여러 명창을 찾아 판소리를 배웠다. 동·서편을 넘나들었다. 1940년부터 강태홍(姜太弘)에게, 1941년부터 오태석(吳太石)에게 가야금병창을 익혀, 이후 본격적으로 그에 매진하였다. 1968년 중요무형문화재 제23호(가야금산조 및 병창) 예능보유자가 되었다.

　한편 1935년부터 광복 이후까지 여러 창극단에 입단하여 지방 순회공연에 참여하였다. 자신이 직접 창극단을 조직하여 이끌기도 했다. 여성국극(女性國劇)에도 앞장섰다. 1950년대 후반부터는 국내 공연 활동을 계속하는 가운데 국악학교 설립, 국악 알리기 운동, 해외 공연 등에 힘을 기울였다. 1955년 국악민속예술학교를 설립하였고, 1973년 국악예술학교로 발전시켜 초대 이사장에 취임하였다. 그 뒤 1984년 서울국악예술고등학교로 개편, 정규 예술고등학교로서의 면모를 갖추었으며, 1988년 이 학교의 이전과 발전을 위하여 전 재산을 모두 출연하였다. 1989년에는 국악에 헌신한 공로를 인정받아 국민훈장 모란장을 받았다. 1990년 제3대 국립창극단 단장(-1993)으로 있다가 세상을 떠났다.

73　歸雁絃: 열 지어 날아가는 기러기 모양의 안족(雁足)을 갖춘 가야금.

박귀희는 가야금병창이 국악의 한 전문 영역으로 자리를 잡는 데 초석을 놓은 사람이다. 그의 활약이 가야금병창의 위상을 그와 같이 올려놓았다고 해도 과언이 아니다. 그는 가야금병창과 판소리의 차별성에 유념하여 가야금병창의 체계화, 이론화에 매진하였다. 1979년에 출판한 『박귀희 가야금병창곡집』은 우리나라 최초의 가야금병창 악보집이다.

안숙선(安淑善: 1949-), 강정숙(姜貞淑: 1952-), 김성녀(金星女: 1950-), 오갑순(吳甲順: 1943-) 등이 널리 알려진 제자다. 그는 〈꽃타령〉, 〈야월삼경(夜月三更)〉, 〈뽕따러 가세〉, 〈내 고향의 봄〉 등 남도풍의 민요 50여 곡을 작곡하기도 했다. (下平聲 陽韻, 2020. 6. 19)

관극시

朴貴姬樂壇 (벽소 이영민)

玉質仙容錦袖長
百花不及一花娘
淸歌艶舞和神處
鐵石何人不斷腸

고운 바탕 아름다운 얼굴
비단 소매 길기도 해라.
어떤 꽃도 미치지 못하리
꽃 같은 그대 모습에는.

청아한 노래 멋진 춤사위
화평하고 신묘한 대목에서
어떤 철석같은 사람이라도
애간장 끊어지지 않을소냐.

감상평

'가야금병창의 어머니'로 불리는 박귀희 명창을 기린 시다. 박귀희 명창의 삶을 가야금과 국악학교 두 가지로 간추렸다. 박귀희는 가야금병창의 인간문화재로, 판소리는 물론 설장구, 북춤 역시 명인급이었다. 다양한 능력 중 가야금병창의 대중화를 위한 공을 인정받았다. 백사도 이에 뜻을 맞춰 화두 형식을 빌어 그를 '가야금병창의 어머니'로 기렸다.

"병창은 언제부터 전문 영역 차지했을까. 가야금 열두 줄 속에 혼이 아직 남아 있는 듯." 첫 연은 불교의 화두처럼 시작되었다. 그리고 그 화두를 깨친 것을 바로 은유로 화답하였다. 화두와 시는 많이 닮았다. 사실로 시작하여 은유로 끝나기 때문이다. 백사도 일반 문장으로 시작하여 시문으로 답하였다.

"국악학교 설립하여 백세를 기약하신 분. 계화가 교정에 가득하니 가셨지만 흔적은 분명쿠려." 둘째 연도 같은 방식으로 이어갔다. 초창횡사(草創黌舍)라는 일반 문장으로 시작하여 계화만정(桂花滿庭)이라는 은유로 화답하여 시를 완성하였다. 초창(草創)은 어떤 사업을 처음으로 벌이는 것이다. 횡사(黌舍)는 고대 중국에서, 글을 가르치고 배우는 집을 이르던 말이다. 이 두 어휘를 결합하여 '초창횡사'라는 멋진 시어를 구성한 것도 별미다.

'계화만정거유흔(桂花滿庭去有痕)'은 이 시의 백미이다. 계화(桂花)는 계수나무 꽃이지만 박귀희 명창이 설립한 전통예술고 교정에 가득한 학생들을 은유한 것이다. 또 다른 박귀희 명창들인 것이다. 박 명창의 본명이 오계화(吳桂花)라는 사실을 알고 보면 이 시구가 얼마나 기발한지 짐작할 수 있다. 교육자인 백사가 '거유흔(去有痕)' 중 최고가 계화만정(桂花滿庭)임을 천명한 것이다. 박귀희 명창도 초등학교 교사의 인도로 판소리에 입문하게 되었다고 한다.

중국에서는 계수나무를 '연향수(連香樹)'라고도 한다. 달콤한 캐러

멜 향이 봄부터 가을까지 이어진다. 잎이 노랗게 물들 때는 향기가 더욱 진하다. 박귀희의 호가 향사(香史)이고 본명이 오계화인 것이 묘하게 녹아 있다. 평범해 보이지만 강물 흐르는 여유로운 모습, 계수나무 향기가 아지랑이처럼 피어나는 모습, 쪽 찐 머리에 산호잠을 꽂고 무릎 위의 가야금을 뜯는 단아한 박 명창의 모습이 아련하게 느껴지는 묘한 이미지의 시다. 이 시의 덕은 한마디로 '유약무 실약허(有若無實若虛)'[74]라 하겠다. 〈최규학〉

---

[74] 있으면서 없는 듯, 꽉 차 있으면서 빈 듯하다는 말.

35
고법의 최고봉 김명환(金命煥)

一山風流眞雅性
屢空晏如順天命
學鼓得髓伴大人
法度森嚴靠擠競

일산의 풍류는
참 아성(雅性)[75]이라.
쌀독 자주 비어도
태연히 천명을 따랐네.

고법 배워 골수를 얻었고
큰 명창과 짝을 이루었네.
법도가 삼엄도 하여라
기대고 밀어냄이 팽팽하구나.

해설

　김명환(1913-1989)은 전라남도 곡성 출신이다. 아호는 일산(一山)이다. 부유한 집안에서 태어나 1931년 일본 동경(東京)에 있는 효성중학(曉星中學)을 졸업하였다. 귀국 후 명고수 박판석(朴判錫)·신찬문(申贊文)·주봉현(朱鳳鉉) 및 일류 명창이자 명고수인 장판개 등으로부터 북장단의 실기와 이론을 배웠다. 이십 대 후반부터 고수 활동을 시작하였고, 40세 이후로 정응민(鄭應珉) 소리방의 전속 고수로 있었다. 그가 보성 소리에 유난히 밝은 것은 이 때문이다. 이 시기에 성우향·성창순·조상현 등의 득음을 도와 명창으로 성장하게 했다. 1960년대에는 서울로 진출하여 북장단으로 그 기량을 인정받았다. 1978년에 고수로는 최초로 '김명환 판소리 고법 발표회'를 개최하였으며, 그해 중요무형문화재 제59호 판소리 고법 예능보유자로 지정되었다. 고법으로는 최초의 일이다.

　풍류랑(風流郞)이었던 김명환은 가난 속에 살면서도 예술에 대한 집념을 버리지 않았다. 그의 북장단에는 잔가락이 별로 없다. 치열하고 삼엄함이 깃들어 있다. 먹잇감을 노려보는 독수리의 기상처럼 서슬이 퍼렇다. 그는 큰 판에서 소리하는 일류 명창들과 호흡을 같이 한 큰 고수였다. 창자(唱者)를 편안하게만 해주는 그런 고수가 아니었다. 일찍이 언론과의 대담에서 "이제는 내 북장단에 안길 소리가 없다"면서 안타까움을 토로한 적이 있다. 자신의 북장단이 명창들을 가렸다

75　평소의 성격.

[擇]는 말을 에둘러 한 것이다. 명창들 사이에 호불호(好不好)가 갈렸던 것도 이 때문이다.

김명환 북장단의 특징은 고수와 명창이 '팽팽한 긴장 관계'를 끝까지 유지하여 최고의 공연을 추구하는 데 있다고 본다. 무지개다리가 둥그렇게 반원형을 이루려면 받침돌이 서로 의지하고[靠] 밀어내면서[擠] 긴밀함을 경쟁적으로 유지해야 한다. '고제경(靠擠競)'은 일산 북장단의 눈동자라 하겠다. 정권진 명창의 심청가 소리에 장단을 맞추던 옛 모습이 그립다. (去聲 敬韻, 2020. 5. 14)

감상평

〈주봉신 명고〉, 〈한성준 명고〉와 더불어 '명고삼창(名鼓三唱)'으로 불릴 만한 시다. 이 시는 사실 기구와 승구 두 구절로 끝난 것이나 다름없다. 쉬우면서도 심오한 철학이 담긴 경문과 같은 구절이다. '일산(一山)'은 하나의 산일 수 있고, 산 가운데 최고의 산일 수도 있다. 중국 명나라 때 지리학자 서하객(徐霞客: 1587-1641)은 30년간 중국 각지를 돌아보고 나서 "오악을 돌아보고 오니 다른 산이 보이지 않고, 황산을 돌아보고 오니 오악이 보이지 않더라[五岳歸來不看山, 黃山歸來不看五]"는 유명한 시구를 남겼다. '일산(一山)'은 여기 나온 오악일 수 있고 황산일 수 있다. 김명환의 위치를 한마디로 압축한 것이다. 이 한 구는 서하객의 내공에 견줄 수 있다.

'일산풍류(一山風流)'는 최치원이 말한 풍류도(風流道)를 내포하는 의미를 갖는다. 산은 속(俗)에 대립되는 개념이기도 하다. 김명환의 아호 '일산'은 그만큼 다양한 의미를 내포한다. 그러기에 시의 첫마디로 활용한 뜻도 심오한 것이다. 백사가 최치원의 사상을 이어받은 후예이기 때문에 일산풍류를 그냥 넘길 수 없다. 진아성(眞雅性)이라는 말은 김명환의 도를 가리키면서 또한 풍류도의 지향점을 가리키는 말이다. 참되고 바른 인성, 여유와 멋이 사라진 작금의 현실에서 '일산풍류진아성' 한 마디는 모든 사람들에게 철퇴를 가하는 말이다. 따끔한 아포리즘(Aphorism)이다.

이어서 "쌀독 자주 비어도 태연히 천명을 따랐네"로 받은 것은 김명환의 예도(禮道)를 최고도로 높인 것이다. 순천명(順天命)은 바로의 지천명(知天命)의 단계를 넘어서는 것이다. 김명환의 인생 노정이 공자의 노정을 따랐음을 강조한 것이다.

끝 구절 "법도가 삼엄도 하여라 기대고 밀어냄이 팽팽하구나[法度森嚴靠擠競]"는 김명환의 고법을 한마디로 정의한 것이다. '고제경(靠擠競)'이 압권이다. 세상의 경쟁에는 이기고 지고 비기는 경쟁만 있는 것이 아니다. 홍예교(虹蜺橋)의 아치처럼 서로 의지하고 미는 경쟁이 있고, 서로 세우고 이기게 하는 경쟁도 있다. 이는 극심한 경쟁사회를 사는 모든 사람들에게 새로운 희망과 해법을 제시하는 메시지다.

김명환은 제자들이 잘했을 때 웃으며 한마디 했다고 한다. "재주 있소!" 절창을 쓴 백사에게도 한마디 하고 싶다. "재주 있소!" 〈최규학〉

36
불운을 극복한 비운의 명창 박봉술(朴奉述)

天不吝才彼鳳城
先甲後述名雙行
何屈何折百鍊鐵
技精入神南岳衡
風流歌王今安在
赤壁明月一唱聲

저 봉성(구례) 고을에는
하늘이 인재를 아끼지 않은 듯.
앞에는 송만갑, 뒤에는 박봉술
이름 나란히 함께 가는구려.

백 번 단련한 강철
어떻게 구부리고 꺾겠나.
정교한 기법은 입신의 경지
남악 형산(衡山)[76]에 비하려네.

풍류 넘치던 가왕(歌王)
지금 어디에 계실까?
적벽강 달 밝을 때면
한 대목 노랫소리 들린다네.

해설

　박봉술(1922-1989) 명창은 전라남도 구례 출신이다. 아호는 청운(靑雲)이다. 소리꾼 집안에서 태어나 큰형 봉래(奉來: 1900-1932)에게 소리의 기초를 닦은 뒤 이선유(李善有)·송만갑의 문하에 입문하였다. 어려서 '소년명창' 칭호를 들었으나 지나친 수련으로 성대를 다쳐 고음을 내지 못하였다. 천신만고 끝에 재기하였지만 예전으로 돌아갈 수는 없었다. 그는 고음 처리를 위해 '암성(暗聲: 假聲)'을 개발하였다. 그가 터득한 희성(稀聲)은 창악인들이 놀라워하는 발성법으로, 그를 따라갈 사람이 없다고 한다.

　1960년대 이후, 그를 동편제 소리의 첫손가락에 꼽는 이들이 많다. 소릿속을 잘 아는 명창, 고수, 귀명창들은 그의 실력을 높이 평가하였다. 특히 적벽가의 경우 입신의 경지에 들었다는 것이 공통된 평가다. 물론 대중성과는 별개다. 그는 아니리에도 뛰어났다. 그의 소리를 듣노라면 한편의 창극을 보는 것 같은 느낌이 든다. 1973년 중요무형문화재 판소리 적벽가 보유자로 인정을 받은 것은 당연한 수순이라고 하겠다.

　박봉술 명창은 동편제 판소리의 전통을 비교적 순수하게 계승하였다. 또 다섯 바탕에 다 능하였다. 1960년대 이후 적벽가는 사실상 박봉술바디로 전승되었다. 현재도 그의 바디를 최고로 치는 것이 사실이다. 적벽가 예능보유자로 지정된 박동진·한승호(韓承鎬: 1924-2010)의 경우 명맥만 유지하거나 전승이 끊어지고 말았다. 박봉술 명창이

---

[76] 오악 가운데 하나. 준엄한 산세와 72개의 기봉(奇峯)이 있어 오악 중 가장 빼어나다는 평을 받는다.

아니었다면 적벽가의 전승이 어떻게 되었을지 모를 일이다. 문하에서 송순섭(宋順燮: 1936-), 김일구(金一球: 1940-)가 나와 그의 뒤를 이어 적벽가 예능보유자, 준보유자로 인정을 받았다.

박봉술은 쉽게 얻을 수 없는 명창이다. 송만갑·박봉술처럼 '가왕'의 일컬음을 얻는 이들이 구례 출신이라는 점도 간과할 수 없다. 저들의 이름에서 '甲'과 '述'을 따서 선갑후술(先甲後述)이라 하였다. 유가의 계보에 빗대면 '갑'은 갑성(甲聖: 至聖)이니 공자요, '술'은 '술성(述聖)'이니 공자의 손자 자사(子思)라 하겠다. 박 명창을 술성공(述聖公)에 비하고, 또 오악 가운데 최고인 형산(衡山)에 빗대니 제법 그럴 듯하다. (下平聲 庚韻, 2020. 5. 18)

감상평

동편제 판소리 적벽가 예능보유자 박봉술을 기리는 시다. 박봉술의 탄생과 운명, 시련과 극복, 성공과 출세의 인생 스토리를 아름답게 그려냈다. 그는 판소리 명창 박만조의 넷째 아들로 태어났다. 구례 출신 송만갑 명창에게 배우고 소년 명창 소리를 들었지만 성대를 다쳐 고음을 제대로 낼 수가 없었다. 또 제자의 공연을 보고 귀가하다가 교통사고를 당하여 하반신이 마비가 되었고 3년 뒤 세상을 떠났다. 불운을 극복한 비운의 소리꾼이라 하겠다.

박 명창은 천신만고 칠전팔기의 노력 끝에 목청을 어느 정도 회복하고 최고의 공력을 갖추었으며, 52세 때 마침내 판소리 적벽가 중요 무형문화재로 지정을 받았다. 판소리에서 공력이란 소리를 짜나가는 솜씨를 말한다. 소리의 흐름과 가사 내용의 조화, 소리길의 무궁한 변화, 장단과 이음새의 자연스러움, 소리의 조화 창출 능력이 높은 경지에 이르렀을 때 공력이 높다고 평한다. 박봉술은 그러한 경지에 이르렀다. 어느 명창보다 공력이 높은 명창이라는 평가를 받았다.

첫 구와 둘째 구에서는 구례에서 송만갑과 박봉술 두 명창이 나왔음을 말하면서, 박 명창의 존재감을 드러내는 데 성공하였다. 특히 '선갑후술명쌍행(先甲後述名雙行)'이라 하여 이름 끝 자인 '갑'과 '술'을 이끌어 이들의 관계가 운명적으로 연결된 것임을 부연하였다.

제3구 '하굴하절백년철(何屈何折百鍊鐵)'은 박 명창의 피나는 수련 과정을 백련철에 비유하였다. 강철의 생성 과정에 빗댄 탁월한 비유다. 제4구는 '기정입신남악형(技精入神南岳衡)'이다. 박 명창의 공력이 최고의 경지에, 소리가 입신의 경지에 이르렀음을 중국 오악 중 남악에 비유하였다. 형산은 오악 중 높이가 가장 낮지만 가장 빼어난 산이다. '남악팔절(南嶽八絶)'로 유명하다. 박 명창과 잘 어울리는 산은 오악 중 남악이다. 이런 표현은 오악의 특성과 박봉술의 소리를 잘 아는 사람이 아니면 구사하기 어렵다고 본다.

제5구 '풍류가왕금하재(風流歌王今何在)'는 박봉술 명창이 가왕임을 부연하면서 세상을 떠난 아쉬움을 한껏 끌어올린 시구다. 이는 소동파가 〈적벽부〉에서 조조(曹操)를 두고 "진실로 일세의 영웅일러니, 지금은 어디에 있단 말인가[固一世之雄也, 而今安在哉]"라고 한 구절과 대비된다. 끝 구절 "적벽강 달 밝을 때면 한 대목 노랫소리 들린다네", 이는 박봉술 명창이 적벽가로 영생(永生)을 얻었음을 설파한 것이다. 소동파의 〈적벽부〉에서도 찾을 수 없는 구절이다. 〈최규학〉

37
'박(樸)'과 '실(實)'의 명창 정권진(鄭權鎭)

性不散樸歌充實
取譬餾香口涎出
松溪門庭承嫡傳
父知子意眉喜溢

성품은 소박(素樸)을 품었고
소리는 속맛 속멋이 꽉 찼다네.
입에서 침이 나오게 하는
구수한 밥뜸 내음 같아라.

송계(松溪) 선생 문하에서
적통(嫡統)을 이으신 분.
아비가 아들의 뜻 알고는
눈썹 꼬리에 기쁨 넘쳤으리.

해설

송계 정응민은 사실상 보성소리의 중시조(中始祖)이고, 송계의 적통을 이은 이가 정권진(鄭權鎭: 1927-1986) 명창이다. 두 사람은 부자간이면서 사제간이기도 하다. 송계가 '노선생(老先生)', 그가 '소선생(小先生)'의 위치에서 보성소리 가단(歌壇)을 이끌었다. 정권진 명창은 보성소리의 속맛과 속멋을 제대로 아는 몇 안 되는 명창이다. 1970년, 43세 이른 나이에 중요무형문화재 판소리 심청가 예능보유자가 된 것은 정해진 수순이었다고 하겠다.

정 명창에 대해서는 비교적 잘 알려져 있으므로 번거로운 서술은 피하기로 한다. 그는 대표적인 노력파 명창이다. 타고난 성음이 좋지 못하고 성량이 부족하여 남보다 노력을 많이 해야 했다. 처음에는 정응민 명창이 소리를 하지 말라고 말렸지만, 예인 집안의 유전인자는 어찌 할 수가 없었다. 아들의 뜻이 확고함을 알고는 허락하였다고 한다. 단군신화에 나오는 '부지자의(父知子意)'의 의미를 연상하게 한다.

정 명창의 소리는 성품과 연결하여 보아야 할 것 같다. 필자의 관견(管見)으로는 노자(老子)가 말한 '박실(樸實)'과 맹자가 말한 '충실(充實)' 두 개념으로 요약할 수 있지 않을까 한다. '박(樸)'은 가공하지 않은 통나무다. 무위자연(無爲自然)을 한 글자로 일컫는 말이기도 하다. 맹자는 "속이 꽉 찬 것을 아름다움이라고 한다[充實之謂美]"고 하였다(『맹자』, 「盡心章」). 속이 꽉 찬 것, 허실(虛失) 없이 알찬 것의 아름다움, 속멋의 아름다움을 노자와 맹자가 강조하였다. 이 점에서 유가와 도가의 가르침이 하나로 만난다. 그는 소박한 인품으로 사계의 존경을 받았다. 바른 마음[正心]이라야 바른 소리[正音]를 얻을 수 있다고 늘 강조하였다. 그의 가식 없는 생활 자체가 무언의 가르침이었다.

정 명창의 소리는 세련미라든지 대중적 인기의 측면에서 평가가 다를 수 있다. 그러나 '소릿속이 알차다'는 평에 대해서는 다른 말이 없을 줄 안다. 가마솥에서 밥이 뜸들 때 풍기는 구수한 내음이 사람의 마음을 흔드는 것과 같다. '은근하고 구수한 큰 맛'이 정권진 소리의 특징이라고 생각한다. (入聲 質韻, 2020. 5. 19)

감상평

보성소리의 적통을 이어받은 정권진 명창을 기린 시다. 고도의 언어 조탁 능력을 보이며 필살의 충격을 가하고 있다. 시의 결은 『노자』・『맹자』에 나오는 '박(樸)'과 '실(實)', 그리고 단군신화와 함께 한다. 동양철학에서 말하는 '소(素)'를 취하여 짠 천의무봉(天衣無縫)이다.

첫 구 "성품은 소박(素樸)을 품었고 소리는 속이 꽉 찼다네[性不散樸歌充實]"는 정권진 명창의 성품과 소리를 노자의 '박'과 맹자의 '실'로 찬양한 것이다. 언뜻 보면 단순한 문장 같지만 뜯어보면 심오한 철학이 담겼다.

소박(素樸)은 『도덕경』의 핵심 키워드다. 소(素)는 염색 이전의 흰 실이고, 박(樸)은 가공되지 않은 통나무를 말한다. 정 명창의 성품이 오염되지 않는 본성(nature) 그대로임을 표현한 것이다. 충실(充實)은 『맹자』「진심장구(盡心章句)」에 나오는 말이다. 제나라 사람 호생불해(浩生不害)가 맹자에게 그 제자인 악정자(樂正子)에 대해 물었을 때 "악정자는 선인이며 신인(神人)인데, 바라는 것을 타인도 가지게 하면 선이고, 선을 자신이 소유하면 신이다. 선이 충실(充實)하면 미(美)라 한다. 선이 광채가 나면 대인이고, 만물을 변화시키면 성인이고, 알 수 없으면 신인이다"라고 한 답변 가운데 등장한다. 백사는 정 명창을 악정자의 위치에 놓은 것이다.

제2구에서 정 명창의 성품과 소리에 대해 "입에서 침이 나오게 하는 구수한 밥뜸 내음 같아라[取譬餾香口涎出]"고 하였다. 이는 『고문진보』를 다 뒤져도 찾아볼 수 없는 말이다. 백사가 시단에 가한 통쾌한 일격이다. 밥뜸 내음은 모든 내음의 으뜸이다.

끝 구는 "아비가 아들의 뜻 알고는 눈썹꼬리에 기쁨 넘쳤으리[父知子意眉喜溢]"이다. 정권진이 판소리를 이어받으려는 뜻이 있음을 알고 아버지 송계가 염화시중(拈花示衆)의 미소를 지었음을 기가 막히게 그려냈다. 이는 이 시에서 보인 두 번째 일격이다. '부지자의(父知子意)'는 자칫 그 심오한 뜻을 놓칠 수 있다. 일연의 『삼국유사』 단군신화 부분에 나온다. 단군신화에 나오는 홍익인간(弘益人間) 정신은 모르는 사람이 없지만 부지자의(父知子意)를 잘 알아차린 사람이 없는 것 같다. 정응민 명창은 환인(桓因)처럼, 아들 정권진이 환웅처럼, 판소리로 세상의 애환을 달래고자 하는 뜻이 있음을 알고 환인이 천부인(天符印)을 주었듯이 소리하는 것을 인정하였던 것이다. 백사는 이 시를 통해 오늘날 모든 아버지들, 그리고 아버지 위치에 있는 사람들에게 방황하는 자녀들의 뜻을 알아차리라고 일침을 가하고 있다.

이 시의 정취는 그야말로 '글로도 그림으로도 다 나타낼 수 없는[書不盡畫不得]' 것이라 하겠다. 〈최규학〉

38
명창에서 고수로 전업한 김동준(金東俊)

少年時節鳴歌場
劇唱裏面知深詳
捨舊就新天公意
透得鼓法豈尋常
世稱三老戶最著
遙想鏗鏗引興長

소년 시절
소리판을 울린 분
소리의 이면(裏面)[77]을
깊고 자세히 알았네.

옛것 버리고 새 길 취함은
하느님의 뜻이었으니
환히 깨달은 고법
어찌 보통의 것이었겠나.

세칭 '고법삼로'의 한 분
문호가 가장 드러났네.
북 치며 오래 흥 이끌던 모습
아득히 그려본다.

---

77 판소리에서 '소릿속'을 이르는 말.

해설

명고수 김동준(金東俊: 1927-1990)은 전라남도 화순 사람이다. 어린 시절 장판개(張判盖: 1885-1937) 명창에게 판소리와 북을 잠깐 배웠으며, 이후 박동실(朴東實)·김연수(金演洙)·박봉술(朴奉述) 등을 사사했다. 한 때 소년명창으로 이름을 얻었으며, 한창 활동할 때는 강도근(姜道根)·박봉술·이기권(李起權)·한승호(韓承鎬)와 함께 '호남의 5명창'으로 불렸다고 한다. 삼십 대 중반까지 판소리와 창극에 전념하였으나 파성(破聲)을 맞아 고수로 전업을 하였다.

김동준은 명창으로 활약하다가 고수로 길을 바꾼 사람이다. 소리의 이면을 속속들이 알았기 때문에 북을 잘 칠 수 있었다. 특정 유파의 소리제에 국한하지 않고 두루 능하였다. 1980년대에 김명환(金命煥)·김득수(金得洙)와 함께 '세 명의 명고수'로 불렸으며, 마침내 1989년 중요무형문화재 판소리 고법 보유자로 지정을 받았다. 이듬해 세상을 떠났지만 김청만(金淸滿)·이성근(李成根)·정화영(鄭和泳) 같은 뛰어난 제자를 양성하여 이른바 '고법삼로(鼓法三老)' 가운데 전승이 가장 활발한 편이다.

김동준의 고법에 영향을 많이 끼친 사람으로는 장판개·박창을(朴昌乙)을 들 수 있다. 김명환과 김동준은 평소 자신들이 장판개의 고법을 계승했음을 밝힌 바 있다. 김동준은 보비위 북을 구사하였지만 박진감이 있었다. 정박을 고수했으며 추임새는 간결함을 추구하였다. 그가 삼십 대에 녹음한 박봉술 바디 〈적벽가〉 음반이 있어 그의 소리 세계를 엿볼 수 있다. (下平聲 陽韻, 2020. 8. 29)

39
풍류춤의 거인 김수악(金壽岳)

靑氈帽上黃昌魂
跳躍擊刺想鴻門
項莊裵旻入史冊
何較東方壽岳存
口音津津令袖舞
無住無染態自尊

푸른 전립(氈笠) 위에
황창[78]의 혼이 어린 듯.
뛰면서 찌르는 모습
홍문연[79] 당시를 상상케 하네.
항장(項莊)과 배민(裵旻)[80]이
역사책에 올랐다지만
어찌 동방의 수악(壽岳)에
비교할 것이랴.

쩍 달라붙는 구음
도리깨도 춤추게 하는데
머무름 없고 물든 것 없는
춤 맵시 절로 존귀하구려.

해설

　김수악(1925-2009) 명인은 경상남도 함양 출신으로 어려서부터 진주에서 살았다. 아호는 춘당(春堂)이다. 부친은 국악애호가였고 숙부 김종기(金鍾基: 1905-1945)는 가야금의 명인이었다. 9세 때 진주권번에 들어가 김옥민에게 춤을 배우기 시작하였다. 이후 최완자(崔完子: 1884-1969)에게 입춤, 굿거리, 검무 등을 배워 춤의 기초를 닦았다. 그의 예술세계는 '춤'을 가운데 놓고 '판소리'와 '기악'이 함께 어울어졌다. 일찍이 유성준·이선유·김준섭(金俊燮) 같은 당대의 명창에게 판소리를, 김종기·강태홍(姜太弘)·이순근·박상근(朴相根: 1905-1949) 명인에게 가야금 등 기악을 배웠다. 혼인을 한 뒤 한동안 예술계를 떠났다가 다시 돌아와 1969년에 목포 유달국악원, 1971년에 광주

78　黃昌: 황창랑무(黃昌郎舞)의 당사자. 『동국여지승람(東國輿地勝覽)』의 '칼춤놀이' 기록에 보인다. 황창은 신라 사람이다. 여덟 살 때 백제에 들어가 저자에서 칼춤을 추니 구경꾼이 모여들었다. 이에 백제왕이 황창을 불러 칼춤을 추게 하였는데, 황창이 춤을 추다가 칼로 왕을 찔렀다. 백제 사람들이 그를 죽였다. 이후 신라 사람들이 황창의 얼굴 모습을 본뜬 가면을 쓰고 칼춤을 추었으며 그것을 후대에 전하였다고 한다. 이것이 신라 검무의 시초라고 한다.
79　鴻門宴: 중국 진(秦) 나라 말기에 항우와 유방이 함양(咸陽) 쟁탈전 이후 홍문에서 회동한 것을 가리킨다. 유방이 홍문으로 찾아가서 사과하니 항우가 연회를 베풀어 유방을 접대하였다. 이때 항우의 종제(從弟) 항장(項莊)이 범증(范增)의 명을 받고 칼춤을 추며 유방을 죽일 기회를 엿보았으나 항우는 결단을 주저하였다. 이 때 장량(張良)이 번쾌(樊噲)를 연회장에 들여보내 위기를 수습하고 유방과 함께 도망치게 하였다. 이후 항우와 유방의 운명은 180도 뒤바뀌었다. 『사기(史記)』, 「항우본기(項羽本紀)」 참조.
80　裵旻: 중국 당나라 문종 때의 장수. 칼춤의 명수였다. 『구당서』 「장욱전(張旭傳)」에 따르면 당시 이백(李白)의 가시(歌詩), 장욱의 초서(草書)와 함께 삼절(三絶)로 일컬어졌다고 한다. 당나라 때 화성(畫聖)으로 불리던 화가 오도자(吳道子: 685-758?)가 배민의 칼춤 추는 모습을 그림으로 그렸다 한다.

호남국악원에서 사범으로 있었으며, 1973년에 진주에 김수악민속예술원을 설립한 뒤 세상을 떠날 때까지 운영하여 왔다.

　김수악의 춤은 영역이 넓다. 검무, 입춤, 진주살풀이, 부채춤, 화관무, 승무, 교방굿거리춤, 논개살풀이춤 등 다양하다. 1966년 이윤례·최예분·이음전 등과 함께 진주검무를 복원하였고 이듬해 중요무형문화재 제12호 진주검무의 예능보유자가 되었다. 진주검무는 해주검무(海州劍舞)와 함께 한국의 대표적인 검무로 꼽힌다. 교방굿거리춤은 입춤과 굿거리춤, 소고춤을 합쳐 다시 짠 것이다. 호남류 장단과 춤사위를 섞어 흥미를 더 하였다. 논개살풀이춤은 논개(論介)의 혼을 기리기 위해 새로 만든 것이다. 그는 진주권번에 내려오던 교방예술(敎坊藝術)을 오롯이 전해 받았다는 평을 받는다.

　김수악은 진주검무 보유자로 지정을 받았지만, 검무보다는 굿거리춤과 구음으로 더 많이 알려졌다. 굿거리춤은 김수악 춤의 진수를 담은 것이라 해도 좋다. 그는 평소 춤에 대한 견해를 펴면서 '자연스런 멋', '사무치는 한'을 강조했다고 한다. 그의 춤을 '풍류(風流)의 춤'이라고 평하는 이들이 많다. 바람이 되었다가 구름이 되기도 하고, 강이 되었다가 산이 되기도 하는 '머물음 없는 춤'이었다. 또 세속에 찌들지 않은 '자연스런 춤'이었다. '무주무염(無住無染)'의 정신이 밑바탕에 깔렸기 때문에 '위대한 명인'으로 칭송을 받는 것이리라.

　그의 구음(口音)은 실로 예원(藝苑)의 일품이다. 전라도 출신 판소리 명창 전두영에게 배웠다고 한다. "헛간에 서 있던 도리깨도 춤을 춘다"거나 "김수악 구음이면 못 출 춤이 없다"고 하는 평이 지나친 것일까. 기악이 아닌, 입으로 하는 장단이 구음이다. 누구보다 소릿속을 훤히 알았기 때문에 구음으로 평가를 받는 것이다. 춤맵시만 익힌 사람들은 흉내 내기 어려울 것이다.

김수악은 이름이 참 좋다. 의미의 이중성이 시사하는 바 크다. 중국 오악(五岳) 가운데 남악(南岳)인 형산(衡山)이 수악이다. 장수(長壽)의 산이다. 이 산의 이름을 자신의 이름으로 삼은 것이다. 공교롭게도 김수악이 태어나 활동하던 곳이 지리산 이남 지역[晉州文化圈]이다. 우리나라에서는 지리산을 '남악'이라 일컫는다. 그는 이름대로 살다 갔다. (上平聲 元韻, 2020. 6. 25)

감상평

진주검무의 명인 김수악을 기린 시다. 명창·고수·기악에 이어 관극시의 영역을 명무(名舞)까지 확대하고 있다. 공자가 『논어』「이인(里仁)」편에서 '오도일이관지(吾道一以貫之)'라 한 것처럼, 백사의 도 역시 일이관지인 것을 알 수 있다.

검무에 대한 관극시로는 다산 정약용이 17세 때 쓴 〈무검편증미인(舞劍篇贈美人)〉이 유명하다. 다산의 시가 묘사에서 표현 단계의 시라면, 백사의 시는 표현에서 현현(顯現)에 이르는, 보다 압축되고 내면이 깊은 시다. 묘사가 외면을 그린 것이고, 표현(expression)이 내면을 나타내는 것이라면 현현(epiphany)은 자신의 내면은 물론 사물의 내면까지 드러내는 것을 말한다.

이 시는 3연으로 되어 있다. 제1연은 김수악의 춤추는 모습, 제2연은 김수악 검무에 대한 평가, 제3연은 지은이의 소회다. 제1연의 '청전

모상황창혼(靑氈帽上黃昌魂)'은 검무를 잘 추었다는 신라인 황창이 김수악에게 빙의된 모습으로 읽힌다. 검무의 시작은 신라의 화랑 관창(=황창)이 황산벌에서 죽은 뒤 이를 추모하기 위한 것이라고 보기도 한다. 황창은 이로써 이름을 남긴 신라인이다.

청전모는 검무의 상징이다. 다산의 시에서도 '자사괘자청전모(紫紗褂子靑氈帽)', '황창무보전자고(黃昌舞譜傳自古)'라는 구절이 나온다. 황창의 혼이 모자 위에 붙은 것으로 본 것은 기막힌 상상이다. 신들린 무당이 연상된다.

'도약격자상홍문(跳躍擊刺想鴻門)'에서 격자(擊刺)는 칼이나 창 따위로 때리고 찌르는 것을 말한다. 도약격자는 검무 추는 모습인데, 이를 보니 홍문연이 생각난다는 것이다. 홍문연은 항우가 유방을 죽이기 위해 연 잔치다. 항우의 종제인 항장이 칼춤을 추며 유방을 죽이려는 일촉즉발의 순간이 연상된다.

제2연에서는 김수악의 검무 솜씨를 극찬을 하고 있다. 홍문연에서 칼춤을 춘 항장, 당나라 칼춤 명인 배민이라도 전문 무용가인 김수악에 비할 수 없다는 것이다. 독자가 카타르시스를 느끼도록 하는 절묘한 표현법이다.

제3연에서는 구음으로 도리깨도 춤추게 만드는 김수악의 신묘한 무공(舞功)을 찬양하면서 이 시의 절창을 내놓는다. 바로 '무주무염태자존(無住無染態自尊)' "머무름 없고 물든 것 없는 춤 맵시 절로 존귀하구려"이다. 무주무염은 무애(無碍)를 말한다. 김수악의 칼춤이 이미 득도의 경지에 들었음을 천명한 일갈이다. 여협 김수악은 무공(武功)으로 치면 상승무공을 터득한 무림지존이라는 극찬이다. 여기서 자존

(自尊)은 단순한 자존이 아니다. 백사의 자존이며 김수악의 자존으로, 자존의 현현(epiphany)인 것이다. 공자가 태산에서 영계기(榮啓期)를 보고 '자신을 넉넉하게 여기는 분[自寬者]'라고 말한 것에서, 자관(自寬)과 같은 맥락이다. 〈최규학〉

40
현대 동편제의 거목 박송희(朴松熙)

烏城自古歌人鄉
秀氣孕出松雪堂
春眉門下第一位
平淡無腴見眞藏

오성(烏城: 화순)은
예부터 명창의 고장.
수기(秀氣)가 송설당을
잉태하여 내었구나.

춘미(박녹주) 문하에서
첫 번째 자리 차지하는 분.
기름기 없는 담백함
소리의 진면목 보여주네.

해설

　박송희(1927-2017) 명창은 전라남도 화순 출신이다. 아호는 송설당(松雪堂)이다. 화순은 명창을 많이 배출한 고장으로 유명하다. 이럴 때 대개 '인걸지령(人傑地靈)'이란 말을 쓴다. 송설당은 박녹주(朴綠珠) 명창의 뛰어난 제자다. 공자 문하의 안연(顔淵) 같은 위치라고 하겠다. 2002년 흥보가로 중요무형문화재 제5호 판소리 예능보유자가 되었다.
　박송희의 장기는 흥보가다. 나는 그의 〈제비노정기〉를 자주 듣는다. 노정기가 마치 눈앞에 그려지듯 사설 속에 세세히 담겨 있다. 그의 소리는 언제 들어도 담박하다. 기름기가 전혀 없다. 겉치레를 찾아보기 어렵다. 달고 기름진 것을 선호하는 현대인들에게는 '무미(無味)'로 느껴질 수도 있음직하다. 그러나 나는 '평담무유(平淡無腴)'야말로 송설당의 진짜 감춰진 무기[眞藏]라고 생각한다. '드러났지만 감추어진 것[顯而藏]'의 역설을 그의 소리에서 엿볼 수 있다.
　송설당이 세상을 떠난 지 2년. 젊은 제자 백현호 씨가 추모공연을 한다고 한다. 공연에 초청을 받고도 참석하지 못한 아쉬운 마음을 이 시에 담았다. (下平聲 陽韻, 2019. 6. 6)

41
음악의 신 한일섭(韓一燮)

樂神撫箏悲咽泉
倚絃散調入妙玄
天胡嗇壽未五十
高山流水倍相憐

악신(樂神)의 아쟁 연주
샘물이 흐르며 흐느끼는 듯.
일곱 줄에 기댄 흐튼가락
현묘한 경지에 들었네.

하늘은 왜 인색하셨을까
오십도 못 채우게 하다니.
흐르는 물 높은 산[81]이
곱절이나 애달파한다.

해설

아쟁의 귀재(鬼才) 한일섭(1927-1973)[82] 명인은 전라남도 화순에서 태어났다. 일찍부터 자형(姊兄) 성원목(成元睦: 1903-1969, 성창순의 부친)[83] 명창에게 소리를 배워 '소년명창' 칭호를 들었지만 변성기에 파성(破聲)을 맞아 기악으로 방향을 바꾸었다. 그의 음악적 재질은 신기(神技)에 가까운 것이었다. 악기를 잘 다루는 것은 물론이요 작곡 능력도 대단하였다. 특히 아쟁 연주는 당시 첫손에 꼽혔다. 아쟁은 창극과 남도소리에서 반주를 하거나 효과음을 넣기에 적당한 악기다. 그는 1960년에 남도소리의 흐튼가락을 바탕으로 예술성 높은 아쟁산조를 선보였다. 호적산조 역시 그가 짠 것이다. 또 〈금강산타령〉·〈동백타령〉 같은 남도풍의 신민요를 다수 작곡하여 고전 민요에 버금가도록 하였다. 실로 예술혼을 짜내 이룬 곡[費心成曲]들이라 할 만하다. 나는 그를 '음악의 신' 또는 '악기의 신'으로 부르고 싶다.

아쟁산조에는 세 계통이 있다. 한일섭이 짠 아쟁산조는 제자 박종선(朴鍾善: 1941-), 윤윤석(尹允錫: 1939-2006), 박대성(朴大成: 1938-) 등에게 전승되어 꽃을 활짝 피웠다. 장월중선 류는 김일구(金一球)로, 정철호 류는 서용석(徐龍錫: 1932-2013)[84]으로 이어졌다. 한일섭

---

[81] 高山流水: 중국 춘추시대 금(琴)의 명인 백아(伯牙)가 연주한 악곡이다. 뒤에 고아(高雅)하고 절묘(絕妙)한 악곡을 비유하는 데 사용되었다.
[82] 대부분 사전류 기록에는 생년이 '1929년'으로 되어 있으나 실제는 '1927년'이라 한다.
[83] 사전류 기록에는 생년이 '1912년'으로 되어 있다. 딸 성창순과 정광수의 증언에 근거 '1903년'으로 바로잡는다.
[84] 생년을 '1940년생'이라 한 기록들이 있으나 사실과 다르다.

은 한 세기에 한 사람 나올까말까 하는 일세의 풍류랑(風流郎)이요 협률랑(協律郎)이다. 하늘은 그에게 47세의 수명을 허락하였다. 백아금(伯牙琴)의 연주 대상이었던 고산(高山)과 유수(流水)도 백아의 죽음에 슬퍼하였던가. 한일섭이야말로 현대의 백아라 하겠다. '고산유수배상련(高山流水倍相憐)'이란 구절로 일찍 꺾인 명인의 재주를 안타까워할 수밖에 도리가 없다. 다만 그의 예술혼이 제자는 물론 아들 한세현(韓世鉉: 1956-, 피리 전공), 손자 한림(1985-: 아쟁 전공)으로 이어졌으니 다행이 아닐 수 없다. 부인이 중요무형문화재 제5호 남해성(南海星: 1935-2020) 명창이다. (下平聲 先韻, 2020. 5. 31)

감상평

아쟁의 명인 한일섭을 기린 시다. 백사의 관극시 시리즈는 판소리 명창과 명고수를 중심으로 이루어졌다. 전통악기 명인을 명창, 명고수의 반열에 올린 것은 백사의 전통사상 계승과도 연관 있는 듯하다. 가야금 명인 심상건을 기린 뒤에 아쟁 명인 한일섭을 드러냄으로써 백사는 자신의 사상 및 청음(聽音) 실력을 빛냈다.

심상건과 한일섭 둘 다 백성의 애환을 달래는 산조, 즉 흐튼소리의 명인이라는 점에서 더욱 그렇다. 백사의 관극시는 평민들과 함께 하는 데 초점을 맞추고 있다. 이는 백사가 그 사상의 뿌리를 최치원의 풍류도에 두고 있는 데 기인한다. 최치원은 중국풍의 귀족 선도(仙道)를 추구하지 않고 세속과 함께 하며 중생을 구제하는 평민 선도를 추구하였다.

첫 구에서 "악신이 아쟁 연주하니 샘물 흐르며 흐느끼는 듯"이라 하였다. 한일섭을 악신(樂神)에 비유했다. 이는 실력이 신의 경지라는 뜻도 있지만, 정악기였던 아쟁을 판소리의 흐튼가락을 차용하여 산조 악기로 영역 확장을 이룬 데 대한 경의를 담은 것이기도 하다. 이 시의 핵은 '비열천(悲咽泉)'이다. 아쟁 소리를 "샘물이 흐르며 흐느끼는 듯"이라 표현한 것은 시신(詩神)의 경지다. 아쟁 소리를 이보다 더 잘 표현할 수는 없을 것이다. 최고의 의태어이며 의성어이다. 이는 식민지 시절 『조선일보』 신춘문예 당선작인 김광균(金光均: 1914-1993)의 시 〈설야(雪夜)〉에서 '첫눈'을 '머언 곳에 여인의 옷 벗는 소리'로 비유한 것에 못지않다. 듣기로 백사는 청음(聽音)의 대가라 하는데, 많은 청음 과정을 통해 얻은 표현 능력이라 생각된다.

또한 조선 숙종 때 사람 홍만종(洪萬宗)의 『명엽지해(蓂葉志諧)』에 나오는 소리의 품격들, 즉 정철(鄭澈)의 알운성(遏雲聲) '달빛을 가리고 지나가는 구름 소리', 심희수(沈喜壽)의 원수성(遠岫聲) '단풍을 스쳐 지나가는 바람 소리', '이정구(李廷龜)의 영시성(詠詩聲) '산골 마을 초당에서 도련님이 시 읊는 소리', 유성룡(柳成龍)의 주적성(酒滴聲) '새벽 잠결에 들리는 아내의 술 거르는 소리', 이항복(李恒福) 해군성(解裙聲) '그윽한 밤 깊은 골방 안에서 아름다운 여인의 치마 벗는 소리'와 비교하더라도 손색이 없다.

제2구 "일곱 줄에 기댄 흐튼가락 현묘한 경지에 들었네" 대목은, 아쟁이 일곱 줄 찰현악기(擦弦樂器)라는 것, 한일섭이 산조의 명인으로 현묘한 경지에 들었음을 읊은 것이다. 여기서 '현묘'라는 말을 통해 백사와 최치원의 관계가 다시 드러난다. 최치원의 「난랑비서(鸞郎

碑序)」 첫 줄에 나오는 '국유현묘지도 왈풍류(國有玄妙之道 曰風流)'를 생각하며 '현묘'란 문구를 가져왔을 터이니, 이 시 자체가 현묘한 경지에 아니 들 수 없다.

끝 구에서 "흐르는 물 높은 산이 곱절이나 애달파한다"라 하였다. 이는 첫 구와 의미상 수미쌍관(首尾雙關)을 이룬다. '고산유수(高山流水)'는 중국 춘추시대 백아(伯牙)와 종자기(鍾子期)의 지음(知音) 고사에서 인용한 것이다.『열자』「탕문(湯問)」편에 의하면, 백아가 마음속에 높은 산을 두고 거문고를 타면 종자기는 "아, 훌륭하다. 험준하기가 태산과 같다[峨峨兮若泰山]"라고 하였고, 마음 속에 흐르는 물을 두고 거문고를 타면 종자기는 "아, 훌륭하다. 광대하게 흐르는 것이 강하와 같다[洋洋兮若江河]"고 하였다 한다. 이후 이를 고산유수곡(高山流水曲) 또는 아양곡(峨洋曲)이라고 일컫게 되었다. 백사의 절창을 들으니 마치 종자기가 살아온 듯하다. 〈최규학〉

동초제의 중흥조 오정숙(吳貞淑) 二首

知得一路去
天命復奚疑
松柏歲寒意
堅貞終不移

한 길로 가야 함을 알았네
천명을 어찌 의심하리오.
송백세한(松柏歲寒)의 의지[85]
굳고 곧음을 끝까지 지켰네.

階庭玉樹盛
明鏡照忘疲
超門中興祖
遺香百世期

뜰 앞 정원에 옥수 무성한데
명경이 피곤함 잊고 비추었네.
그대는 동초제의 중흥조!
남긴 향기 백대를 기약하리.

해설

　오정숙(1935-2008) 명창은 전라북도 완주[86] 출신이다. 아호는 운초(雲超)다. 부친의 영향으로 일찍 판소리에 입문하여 판소리에 일생을 바쳤다. 또 동초 김연수 명창을 사사하여 의발(衣鉢)을 오롯이 전해 받았다. 한 스승을 모시고 한 소리제를 고집스럽게 지킨 경우는 근래에 보기 드물다. 그는 또 판소리 다섯 바탕을, 그것도 한 소리제로 온 바탕을 연창한 사람이다. 보통의 정신과 의지로는 어려운 일이다.

　오늘날 판소리의 세력 판도를 보면 보성소리와 동초제 판소리가 주류를 이룬다. 김연수가 동초제 판소리의 개산조(開山祖)라면 오정숙은 중흥조(中興祖)라 하겠다. 오정숙은 스승의 뒤를 이어 동초제를 반석 위에 올려놓고 중흥의 발판을 마련하였다. 스승 김연수와 동초제 판소리를 향한 그의 마음은 '해만 바라보는 꽃' 실로 해바라기[向日花]에 비할 만하다. 그는 세상을 떠난 뒤 스승의 무덤 발치에 묻히기를 원하였고 그 소원은 이루어졌다.

　오정숙은 비교적 일찍 전주로 내려가 동초각(東超閣)을 짓고 많은 제자를 양성하였다. 마치 거울이 피곤함을 잊고 사물을 비춰주듯 하였다. 전주가 소리의 고장으로 다시 우뚝 서게 된 이면에 오정숙의 공로가 실로 컸다. 전라좌도 바닷가의 끝자락, 고흥군 금산면 출신인 김연수의 소리가 전주로 올라와 독장을 치기에 이르렀으니 '우리 도가

---

[85] 공자가 말하였다. "날씨가 추워진 뒤에야 소나무와 잣나무가 늦게 시듦을 알 수 있다[歲寒然後 知松栢之後雕也]."『논어』「자한(子罕)」편 참조.
[86] 출생지는 '진주'이지만 진주는 태어난 곳 이상의 의미는 없는 것 같다.

북으로 갔다'고 했던 '오도북의(吾道北矣)'의 고사를 떠올리지 않을 수 없다. 동초 김연수, 그의 제자 운초 오정숙! 아호까지도 '돌림'으로 넣을 정도다. 실로 대단한 열성이다. 양초(兩超)가 삼초(三超) 되고, 이어 사초-오초 …… 만세에 이어지기를 빈다. (上平聲 支韻, 2020. 5. 27)

감상평

중요무형문화재 제5호 판소리 춘향가 예능보유자 오정숙 명창을 기린 시다. 오정숙의 아버지는 전라좌도 농악 상쇠였으나 오정숙은 우리나라 여성창악계의 패권자가 되었으니 실로 '개천에서 용이 났다[開川昇龍]'고 하겠다.

오정숙 명창의 일생은 일편단심 동초제다. 1967년 김연수 명창의 후계자로 지정된 뒤 1975년 제1회 전주대사습 판소리명창부 장원, 84년 KBS 국악대상, 91년 무형문화재 예능보유자 지정 등 굵직한 사건으로 이어졌다. 93년에는 동초제판소리보존회를 설립하고 이사장에 취임하였다, 이후 스승의 호를 딴 '동초각'을 짓고 후진 양성에 매진하다가 별세하였다. 현재 고흥군 금산면 스승의 묘역에 안장되었다.

백사는 이러한 이력을 감안하여 시 두 수를 동초제 그림으로 재현했다. 1수는 송백세한도(松柏歲寒圖)이고 2수는 계정옥수도(階庭玉樹圖)이다. 송백(松柏)은 시 작법상 은유로, 원 관념인 오정숙 명창 또는 동초제 판소리를 대변하는 보조 관념이다. 옥수(玉樹)는 원 관념인 동초제 판소리 제자들을 대변하는 보조 관념이다.

백사는 이미지와 은유법의 달인이다. "시인에게 비유는 운명이다"

라는 셸리(P. B. Shelley: 1792-1822)의 말처럼 비유를 사용하지 않고, 사실 그대로 말하였다면 시가 되지 못했을 것이다. 감정 자체만 표현했거나 비유가 없었다면 주자식(朱子式)의 교설(敎說)에 지나지 않았을 것이다. 그런 의미에서 이 시는 아주 탁월한 관극시라 할 수 있다.

휠라이트(P. Wheelwright)의 이론을 빌어서 말하자면, 백사는 이 시 전문을 치환은유(置換隱喩)로 그려냈다. 단순은유, 확장은유, 액자식 은유를 사용하여 의미론적 이동을 시도한 것이다. 송백(松柏)이 오정숙 명창을 가리키므로 단순은유이고, 또한 동초제를 가리키므로 확장은유이고, 나아가 지조(志操)를 가리키므로 은유 속의 은유가 되어 액자식 은유가 된 것이다.

제1수는 오정숙이 동초제 판소리를 자신의 운명으로 받아들이고 오직 한 길 동초제에 올인하였음을 표현한 것이다. 그 결과 사계절 푸른 송백과 같은 위상을 갖게 되었음을 설파하였다. 특히 1972년부터 5년간 동초제 판소리 다섯 바탕, 춘향가·흥보가·수궁가·심청가·적벽가를 매년 차례로 완창한 것은, 박동진 이후 최대의 성과로 평가된다. 적벽가는 스승의 별세로 인해 녹음테이프를 통해 복원한 것으로 유명하다.

제2수는 오정숙 명창이 제자를 교육하여 동초제의 중흥을 이루고 백년대계를 마련하였음을 설파한 것이다. 오정숙 명창에 의하여 동초제는 현대 판소리로 거듭나고 전국적인 소리제로 위상을 정립하게 되었다. 이는 주자의 말대로 계왕성개래학(繼往聖開來學)이다. 백사의 시와 더불어 '유향백세(遺香百世)'를 기원한다. 〈최규학〉

43

보성소리의 거장 조상현(趙相賢) 二首

隨應珉玉柬異同
取采萬端屹立東
摩捼致雅龍睛點
優裕全遍江山風
   注: 四句取裕全捼致采萬應珉之名, 以敍短見者也.

'옥'이냐 '민'이냐
차이점을 가려내고
여러 장점 수용하여
동국 가단에 우뚝 섰네.
갈아내고 눌러 우아하게 만드니
용 그림에 눈알 그린 격이라.
아, 강산제여
온 바탕이 여유 넘치네.
   주: 네 구절은 박유전·이날치·김채만·정응민의 이름을 따서, 나의 짧은 소견을 서술한 것이다.

松溪門下才子盛
鵬老圖南意實證
開闔擒縱趙相賢
應到出藍傳名姓
　　注: 鵬老, 卽大鵬老人, 比朴裕全也.

송계 정응민 문하에
재주꾼들 무성했으니
붕로가 남녘에 가려 한 뜻
실제로 증명되었네.
열었다 닫고 사로잡았다 놓는
조상현(趙相賢) 명창.
응당 청출어람으로 이름 전하리라.
　　주: '붕로'는 곧 대붕과 같은 노인이니, 박유전에 비유한 것이다.

해설

서편제의 한 지류(支流)였던 강산제는 이제 사실상 별파(別派)가 되었다. 문파(門派)에서 걸출한 사람이 많이 배출되었고,[87] 창조(唱調) 역시 다른 파와 구별될 정도로 특색과 짜임새가 있다. 강산제의 시조 박유전(朴裕全: 1835-1906)은 전라북도 순창 사람이다. 나와 동향이다. 그는 고향을 떠나 저 남도 끝자락 보성(寶城)에 머물며 명창들을 양성하였다. 붕새가 남명(南溟: 남쪽 바다)을 찾아 훨훨 떠나 드디어 뿌리를 내렸다.

그의 소리 전통은 이날치·김채만·정응민 등으로 이어지며 문장도리(門墻桃李)[88]의 칭송을 받아왔다. 송계 정응민(1896-1964) 대에 이르러 많은 제자가 모여들었다. 송계 문하에서 가장 빼어난 제자는 역시 조상현(1938-)[89]이다. 13세부터 7년간 수학했다고 한다. 타고난 목소리, 목구성, 소리 짜임새, 인물치레 등에서 빠진 구석이 없다. 나는 그의 소리 특징을 '개합종금(開闔擒縱)' 넉 자로 뽑고 싶다. 여는가 했더니 어느새 닫고, 사로잡았다 이내 풀어놓고, 들었다가 내려놓기를 무한히 반복한다. 아아, 쉽게 얻기 어려운 명창이다. 첫 수는 상평성 동운(東韻)이고, 다음 수는 거성 경운(敬韻)이다. (2020. 4. 27)

---

[87] 강산제는 단일 유파 가운데 중요무형문화재 판소리 예능보유자(인간문화재)를 가장 많이 배출한 것으로 유명하다.
[88] 스승이 길러 낸 우수한 제자들을 비유하여 이르는 말. 문장(門墻)은 스승의 문하를, 도리(桃李)는 제자들을 가리킨다.
[89] 생년이 호적상으로는 '1939년'이나 실제는 '1938년'이라고 한다.

감상평

　동양철학자인 작자가 한국 판소리의 정수를 꿰뚫고 읊조린 명시다. 판소리의 사설처럼 구성지고 긴장감이 느껴진다. 내용과 표현이 우수한 데다 깜짝 놀랄만한 재치가 덤으로 주어졌다. 첫 수는 박유전이 개창한 판소리 강산제의 계보를 압축하여 표현하였고, 제2수는 조상현 명창의 우뚝함을 계보에 입각하여 드러낸 것이다. 첫 수에서 강산제 판소리의 특징을 질 높은 명품 소리, 제가(諸家)의 장점, 아조(雅調: 바른 곡조), 넘치는 여유 네 가지로 압축하고, 네 명 대명창의 이름 응민(應珉)·채만(采萬)·날치(捺致)·유전(裕全)을 활용하여 완성하였다. 천재적인 발상이다. '언어의 신'의 경지다.

　둘째 수에서 조 명창을 기리면서도 박유전의 위대함을 배경에 깔아 표현한 것 또한 기가 막히다. 또 조 명창을 개합금종(開闔擒縱)으로, 제갈량이 맹획을 일곱 번 잡았다 일곱 번 놓아준 칠종칠금(七縱七擒) 고사를 인용하여 기렸다. 청중을 사로잡았다 놓았다 하는 조 명창의 수준이 제갈량과 같다는 말이다. 더 높은 칭찬은 없을 듯하다. 〈최규학〉

감상평

　보성소리의 역사를 일목요연하게 잘 읊었습니다. 언어가 참신하고 짜임이 정정(井井)합니다. '붕로도남(鵬老圖南)' 구는 특히 놀랍습니다. 명창들이 소리의 마술사라면 교수님은 언어의 마술사입니다. 〈김기(金己)〉

44
봄밭 유채꽃 같은 성우향(成又香)

端午鞦韆波浪生
愛愛歌含萬端情
獄中蓬髮戀君淚
惻惻界調嗚咽箏
請業才子爭遠近
春田菜香蜜蜂聲

춘향이 단오그네 탈 때
파랑(波浪)이 일더니
사랑 사랑, 자진사랑가[90]
온갖 정회(情懷) 머금었네.

옥중에서 쑥대머리로
임 그리워 울 적에
구슬픈 계면조 가락
오열하는 아쟁이라.

가르침 청하는 재주꾼들
원근에서 다투어 오니
봄밭의 유채꽃 향기에
꿀벌들 웽웽 거리는 듯.

해설

성우향(1933-2014) 명창은 전라남도 화순 출신이다. 아호는 춘전(春田)이다. 판소리를 하기에 좋은 가정적 배경을 타고 났다. 처음 목포에 사는 안기선(安基先) 명창에게 판소리를 배운 뒤 20세 때 보성의 정응민 명창의 문하에 들어가 7년간 수학하여, 강산제의 창제와 더늠을 이어받았다. 이후 박초월·박녹주에게 흥보가를 배워 보성소리와 동편제 소리를 아울렀다.

그는 1972년부터 1977년에 걸쳐 심청가·춘향가·흥보가 온 바탕을 공연하여 기량을 인정받았다. 이어 1977년 전주대사습대회 판소리명창부에서 장원을 하여 용문(龍門)에 올랐고, 2002년 마침내 중요무형문화재 판소리 춘향가 보유자로 인정을 받았다. 바디는 김세종 → 김찬업(金贊業) → 정응민으로 이어진 것이다. 춘향가 가운데 〈옥중가〉 대목에 뛰어났다. 한편 심청가도 장기다. 남경(南京) 장사 상인들에게 심청을 떠나보낸 삼봉사가 자탄하는 대목은 그 자신도 꼽는 더늠이다.

목소리는 수리성이다. 무겁고 힘찬 소리를 구사한다. '걸쭉하고 구성지다'는 평을 받는다. 그는 한 대담에서 '소리를 만들려 하지 말고 옛날 것 그대로 전해야 한다[傳而不作]'는 관점을 피력한 바 있다. 이것은 정응민이 "소리를 변질시키는 것은 정절을 잃은 것과 같다"고 한 가르침 그대로다. 그가 고제(古制)를 제대로 구사할 수 있는 창자로 인

---

90 愛愛歌: '사랑 사랑'으로 시작하는 노래라는 의미. 춘향가 가운데 자진사랑가와 통하는 말이다. 조선 영조 때 사람 김이곤(金履坤: 1712-1774)이 지은 시 〈상원(上元)〉 가운데 '海妓猶傳愛愛歌'(『鳳麓集』, 권1)란 구절이 있다.

정을 받는 것은 이와 관련이 있다.

그는 모든 곡식과 채소를 받아주는 '춘전(春田)'이란 아호에 걸맞게 많은 제자를 길렀다. 은희진·김일구·강형주(姜炯珠)·김수연(金秀姸)·박양덕(朴良德)·김영자 등이 그들이다. (下平聲 庚韻, 2020. 6. 7)

감상평

중요무형문화재 제5호 판소리 춘향가 보유자였던 춘전 성우향 명창을 기린 시다. 성우향의 본명은 판례(判禮), 아호는 춘전이다. 성우향은 춘향전에 나오는 성춘향(成春香)과 일맥상통한다. 성춘향은 춘향전의 주인공이고, 성우향은 춘향가의 독보적인 명창이기 때문이다. 백사는 춘향가의 애뜻함을 지고지순(至高至純)한 경지로 끌어올렸다. 마치 춘향전 한 권을 읽는 느낌이다.

이 시는 두 구씩 세 연으로 단락을 구성하였다. 첫 연은 춘향가의 〈사랑가〉 부분을 감칠맛 나게 표현했고, 둘째 연은 성우향의 또 다른 특기인 춘향가 중 〈옥중가〉 대목을 순간포착 방식으로 캡처했다. 셋째 연은 성우향의 강장수도(絳帳授徒)를 의성어 의태어를 동원하여 그려 냈다.

1, 2구에서 "춘향이 단오그네 탈 때 파랑이 일더니, 사랑 사랑, 자진사랑가 온갖 정회 머금었네[端午鞦韆波浪生, 愛愛歌含萬端情]"라 하였다. 이몽룡이 광한루에서 그네 타는 춘향을 보고 첫눈에 반해 그날 밤 월매 집을 찾아가 춘향과 백년가약을 맺고 〈사랑가〉를 부른다. 성춘향의 그네가 이몽룡의 마음에 파도를 일으키는 모습과 이들 연인이

사랑에 취한 모습을 절묘하게 표현했다. 〈자진사랑가〉의 멜로디가 독자의 가슴을 심쿵하게 자극하는 오묘한 기법이다.

3, 4구에서 "옥중에서 쑥대머리로 임 그리워 울적에, 구슬픈 계면조 가락 오열하는 아쟁이라[獄中蓬髮戀君淚, 惻惻界調嗚咽箏]"하였다. 성춘향이 옥중에서 이몽룡을 그리워하며 슬피 우는 모습을 회화적으로 표현한 것이다. '봉발(蓬髮)'은 봉두난발(蓬頭亂髮) 즉 쑥대강이같이 마구 흐트러진 머리칼이다. '咽'은 삼킬 연, 목멜 열, 목구멍 인 등의 훈독이 있는데, 여기서는 '목멜 열'이다. 울음소리가 구슬픈 계면조 가락, 오열하는 아쟁 소리 같다는 표현은 언어 조탁이 일품이다. 춘향의 울음소리인지 아쟁소리인지 성우향의 판소리인지 구분이 안 가는 최상승의 공력이다.

5, 6구에서 "가르침 청하는 재주꾼들 원근에서 다투어 오니, 봄밭의 유채꽃 향기에 꿀벌들 웽웽거리는 듯[請業才子爭遠近, 春田菜香蜜蜂聲]"이라 하였다. 성우향에게 속수지례(束脩之禮)로 배움을 청하러 원근에서 찾아오는 제자들의 모습을, 마치 벌떼가 웽웽거리는 모습으로 표현하였다. 여기서 봄밭[春田]은 성우향의 아호다. 이를 그대로 이끌어 시적 감동을 극대화하였다. 채향(菜香)은 봄밭에 피는 유채꽃 향기로 성우향의 판소리를 뜻하며, 밀봉성(蜜蜂聲)은 제자들이 소리 공부하는 모습을 은유한 것이다. 이렇게 논리와 감성이 안성맞춤인 시적 표현은 쉽게 찾아볼 수 없는 보석 같은 것이다. 꿀벌 소리가 들리는 시는 오랜만에 읽어본다. 〈최규학〉

45
보성소리에 일생을 건 성창순(成昌順)

晚汀素鶴古雅姿
千里尋師二八時
立脚終始江山制
勁松不待歲寒知

저녁 물가 백학 같은
예스럽고 우아한 자태.
스승 찾아 천릿길
이팔의 시절이었네.

발 디딘 뒤 시종일관
강산제 소리였으니
아, 사시에 푸른 솔
추워야만 참모습 알랴.

해설

　성창순(1934-2017) 명창은 광주광역시 출신이다. 아호는 소정(素汀)이다. 광주·전남 지역에서 이름이 있었던 성원목(成元睦) 명창의 딸이다. 어려서부터 소리에 타고난 자질을 보였으나 부친의 심한 반대에 부딪쳐 일찍 나서지 못하다가 16세 때 본격적으로 소리 공부를 시작하였다. 삼십 대까지 공대일·김연수·김소희·박녹주·박봉술 등 여러 명창을 좇아 배웠다. 1960년에 보성으로 정응민 명창을 찾아가 강산제-보성소리의 맥을 전해 받았다. 정응민 명창의 마지막 제자다. 그는 일생토록 보성소리의 전승에 일로매진하였다. 평소 "보성소리는 워낙 잘 짜여 있고 내용이 좋아서 대단한 명창이라도 고쳐 부르기가 어렵다"고 말하곤 하였다. 만년에는 보성으로 내려가 후진 교육에 전념할 계획을 세우고 실천에 옮겼으나 완성은 보지 못하였다.

　1978년 제4회 전주대사습 전국대회 판소리명창부에서 장원을 하여 명실 공히 명창의 반열에 올랐고, 1991년 마침내 중요무형문화재 제5호 판소리(강산제 심청가) 보유자로 인정을 받았다. 그는 타고난 자태와 기품에다 우아한 성음으로 평가를 받았다. 천부적 성음을 타고난 데다 소리 공력 또한 대단하였다. "옥덩이도 조탁을 하지 않으면 그릇을 만들 수 없다[玉不琢不成器]"는 것이 일생의 신념이었다. 박녹주 명창은 '소리 도둑년'이란 말로 그의 천재성을 인정했다고 한다.

　그는 강산제 네 바탕을 두루 잘 하였다. 특히 심청가에 장하였다. 심청가 가운데 〈범피중류(泛彼中流)〉는 성창순 소리의 진면목을 단번에 맛볼 수 있는 대목이다. 그는 국악을 세계에 알리는 데 선도적 구실을 하였다. 1996년 미국 카네기홀에서 국악을 공연한 최초의 명창이었다. 가야금·거문고·철현금(鐵絃琴) 등의 악기와 서예에도 능하다. 그의 철현금 가락(김영철류)은 유경화가 이어받았다. '소정'이란 아호는 한학자 우전(雨田) 신호열(辛鎬烈)이 지어준 것이라 한다. 김소희와의 인간관계를 엿보게 한다. (上平聲 支韻, 2020. 6. 11)

감상평

중요무형문화재 제5호 성창순 명창을 기린 시다. 성창순 명창의 일대기를 송학도(松鶴圖)로 그려냈다. 소나무와 학은 『상학경(相鶴經)』이나 『시경』〈천보(天保)〉 시에서 말하는 바와 같이 고고한 군자의 상징이다. 지조와 절개, 탈속과 풍류를 은유한다.

'만정소학고아자(晩汀素鶴古雅姿)'에서 만정(晩汀)은 '저녁물가'이며 성창순의 첫 스승 김소희 명창의 아호이기도 하다. 소학(素鶴)은 백학이다. '소'는 성창순의 아호 소정(素汀)으로 연결된다. 두 명창의 아호는 '汀'자가 들어있다는 데서 또 다른 묘미가 있다. 백사는 이러한 배경을 바탕으로 "저녁물가 백학 같은 예스럽고 우아한 자태"라는 아름다운 시어로 성창순을 묘사했다.

'천리심사이팔시(千里尋師二八時)'는 성창순이 16세부터 널리 스승을 찾아 배움의 길에 나섰음을 강조한 말이다. 위대한 명창은 그냥 만들어지지 않는다. 공자의 14년 유랑 생활이 떠오르는 의미심장한 구절이다. 성창순은 아버지 성원목 명창의 반대에도 불구하고 오기와 끈기로 스승을 찾아 강호를 누비며 공부를 이어 나갔다. 그 결과 판소리는 물론, 거문고·가야금·칠현금을 마스터하고, 국전(國展)에서 서예로 특선을 하는 등 기염을 토하였다. 이처럼 성창순의 일대기에서 '천리심사(千里尋師)'는 각별한 의미가 있다.

'입각종시강산제(立脚終始江山制)'는 성창순이 시종일관 강산제=보성소리 한 우물을 팠음을 말한 것으로, 이 시의 백미인 '경송부대세한지(勁松不待歲寒知)' 구절로 이어진다. 경송(勁松)은 첫 구 소학(素鶴)과 연결되어 송학도를 완성한다. 『논어』 「자한」 편의 '세한연후지송백지후조야(歲寒然後知松柏之後雕也)'와 같으면서 다른 의미를 내포한다. "아, 사시에 푸른 솔 추워야만 참모습 알랴." 성창순의 소리와 정신이 사시장철 변함이 없었다는 것이다. 독야청청(獨也青青)이 아니라 사시청청(四時青青)한 성창순과 백사의 기상이 엔딩 화면에 클로즈업된다.
〈최규학〉

46
연향을 못다 피운 안향련(安香蓮) 二首

鐵中錚錚一代鳴
早進歌壇獨擅名
才人命短非虛諺
疑是天懷嫉妬情

쟁쟁한 쇳소리[91]로
한 시대 울린 분.
일찍 소리판에 나아가
명성을 독차지했네.
재인이 수명 짧다는 말
헛된 속담 아니로다.
아마도 하느님이
시샘을 하신 듯.

才貌雙全無人敵
悲調歌讖夭壽萌
寂寞空山三尺土
春來杜鵑哀怨聲

재주와 미모 갖춰
맞설 상대 없었건만
계면조 잘한 게 가참이었나
요수(夭壽)의 싹이었구려.
적막한 빈 산 석 자의 무덤
봄이면 두견새 와서
애원성 노래한다.

해설

　　안향련(1944-1981) 명창은 전라남도 광산군(현 광주광역시) 출신이다. 안기선(安基先: 1904-1959)[92] 명창의 딸이다. 가야금의 명인 안기옥(安基玉)은 안기선의 사촌형이다. 부친에게 판소리를 배워 기초를 다졌으며, 부친이 세상을 떠난 뒤 3년간 정응민에게 심청가를 배웠다. 이후 정권진·장영찬·박봉술 등을 사사했다. 1970년 김소희 문하에 입문하여 본격적으로 활동을 시작하였고, 1976년 남원춘향제 제3회 전국판소리명창대회에서 장원을 하여 기량을 인정받았다. 1970년대 흑백텔레비전 시절, 국악 프로그램의 간판스타였다.

　　내 머릿속에 남아 있는 안향련 명창의 모습은 1981년에서 멈추어 있다. 그는 당시에 조상현(趙相賢) 명창과 콤비를 이루며 국악계의 자존심을 세웠다. 타고난 목소리나 목구성으로 말하자면 이 두 사람을 당해낼 이가 있을까. 인물치레 역시 마찬가지다. 그런데 왜 하늘은 한 사람을 데려갔을까? 38세 젊은 나이에 스스로 삶을 버렸던 한 여류명창의 인생 역정이 고단하고 가련하다.

　　생존한다면 올해 77세. 무형문화재 가운데 영수(領袖)가 되어 유수한 제자들을 길러내고 있을 것이다. 심청가를 유난히 잘 하였던 그는 슬프고 애타는 듯한 계면조 가락에서 발군의 실력을 보였다. 자신의 미래 운명을 내다보기라도 한 것 같다. 무심히 지은 시

---

[91] 원문 '철중쟁쟁'은 여러 쇠 가운데 가장 좋은 소리를 내는 것을 말함.
[92] 한자 표기가 '安基善'으로 된 기록이 있으나 '安基先'이 맞다.

가 뒷일과 우연히 맞아떨어지는 것을 '시참(詩讖)'이라고 하는데, 안 명창의 경우는 가참(歌讖)이라고 해야 할 성싶다. 아아, 예명(藝名) 그대로 '향기로운 연꽃'처럼 살다간 인물이다. (下平聲 庚韻, 2020. 4. 19)

감상평

일찍 꺾인 명창 안향련을 부르는 초혼가다. 1970년대 국악계의 기대주였던 안향련은 마흔살도 못되어 요절하였다. 백사는 안타까운 심정으로 슬프면서 아름다운 시 두 수를 안향련의 제단에 바쳤다.

제1수의 핵심어는 재인명단(才人命短)이다. '철중쟁쟁일대명(鐵中錚錚一代鳴)'은 안향련의 소리 특성이다. 안향련의 소리는 타고난 천구성에다 곰삭은 수리성을 더한 것이었다. 고음이 하도 처절하고 격정적이어서 듣는 사람이 전율감을 느낄 정도였다고 한다.

'조진가단독천명(早進歌壇獨擅名)'은 안향련이 어린 나이에 가단의 히로인으로 등장하여 이후 일세를 풍미했던 것을 말한다. 안향련은 1959년 16세 때 이승만 대통령 탄신 기념 국악경연대회에서 발군의 실력을 드러낸 바 있다.

'재인명단비허언(才人命短非虛諺)'은 재인단명의 사례를 이끌어 안 명창의 요절을 슬퍼한 것이다. 그는 사랑과 배신 속에서 1981년 12월 스스로 극단적인 선택을 하였다. '의시천회질투정(疑是天懷嫉妬情)'은 안향련의 요절을 하늘의 시샘으로 돌려 위로하는 말이다. 하늘의 시샘으로 요절한 사람은 아주 죽지 않고 부활한다고 한다. 예수가 부활하였듯이 안향련도 죽었으나 부활할 것임을 암시한 것이다.

제2수의 핵심어는 두견새다. 안향련을 두견새에 비한 것이다. 두견새는 슬픈 이미지다. 이는 나라를 빼앗기고 쫓겨난 망제(望帝)가 죽어서 두견새가 되어 밤마다 불여귀(不如歸)를 부르짖으며 피나게 울었다는 데서 유래한다. 이 전설을 빗댄 시로는 김소월의 〈접동새〉와 서정주의 〈귀촉도〉가 있다.

'재모쌍전무인적(才貌雙全無人敵)'은 안향련의 재주와 미모가 상대가 없을 정도로 뛰어났음을 말한 것이다. 실제 그는 얼굴이 예술 작품이요 목소리가 보석 같은 명창으로, 앞으로 다시 나오기 어려운 재인이라 회자되고 있다.

'계조가참요수맹(界調歌讖夭壽萌)'에서는 이미 증명된 사실을 '가참요수(歌讖夭壽)'라는 멋진 시어로 재창출하였다. '가참'은 노래로 자신의 미래를 예언하는 것이다. 가참요수의 사례로는 〈사의 찬미〉의 윤심덕, 〈목포의 눈물〉의 이난영, 〈영시의 이별〉의 배호, 〈낙엽 따라 가버린 사랑〉의 차중락, 〈서른 즈음에〉의 김광석, 〈이름 모를 소녀〉의 김정호 등이 잘 알려져 있다.

'춘래두견애원성(春來杜鵑哀怨聲)'은 이 시의 백미다. 안향련을 그리는 슬프고도 아름다운 구절이다. "봄이면 두견새 와서 애원성 노래한다." 이는 왕소군(王昭君)의 '춘래불사춘(春來不似春)', 김소월의 '아우래비접동', 서정주의 '제 피에 취한 귀촉도'가 한꺼번에 몰려와 진한 감동을 주는 최고의 서정시 한 구절이라 하겠다. 〈최규학〉

'구전성공'의 동편제 명창 송순섭(宋順燮)

及到華容波浪起
商聲羽聲交悲喜
腔調古樸知者知
工譬九煉雲山氏

화용도[93] 대목에서
한 바탕 파도가 일고
상성(商聲)[94]과 우성(羽聲)[95]
슬픔과 기쁨이 교차한다.

수수하고 고풍스런 가락을
아는 사람은 안다네.
구련(九煉)[96]의 공력이라면
운산 송 명창이 아닐까.

해설

　송순섭(1936-)[97] 명창은 전라남도 고흥 출신이다. 아호는 운산(雲山)이다. 비교적 늦은 나이에 판소리에 입문하여, 공대일(孔大一)·김준섭(金俊燮)·박봉술·김연수 명창에게 차례로 배웠다. 삼십 대 중반부터 부산에서 활동을 하면서 창극 공연을 주도하였으며, 오십 대부터는 주로 광주·전라 지역에서 활동하였다. 1994년 제20회 전주대사습 전국대회 판소리명창부에서 장원을 하였고, 2002년 중요무형문화재 제5호 판소리 적벽가 예능보유자로 인정을 받았다. 광주시립국극단 단장, 동편제판소리보존회 이사장, 한국판소리보존회 이사장 등을 지내고 현재는 운산판소리연구원 원장으로 있다.

　송순섭은 늦게 시작하여 끝내 성취한 입지전적(立志傳的) 인물이다. '구전성공(九轉成功)' 넉 자로 평가할 만하다. 남자 명창의 수가 많지 않은 사계(斯界)에서 현재 존장(尊丈)의 위치에 있다. 아름다운 수염은 미염공(美髥公) 관우(關羽)를 연상하게 한다. 장기는 적벽가다. 그 가운데 〈화용도〉 대목이 좋다.

　타고난 성음이 탁하고 답답한 느낌을 준다. 목구성이 좋은 편이 아니다. 창법 역시 고박(古樸)하다. 듣는 이에 따라 평가가 다를 수는

93　적벽가 〈적벽대전(赤壁大戰)〉 대목. 조조(曹操)가 관우(關羽)에게 쫓겨 화용도로 도망을 갔다.
94　슬프고 처량하며 애원하는 듯한 성조(聲調).
95　담백하고 씩씩한 성조.
96　구전단(九轉丹)은 도교에서 말하는 선약(仙藥)으로, 단사(丹砂)를 아홉 번 제련해서 만든다고 한다. 대개 어려운 공정이나 과정을 말할 때 인용된다.
97　호적상으로는 3년 늦은 '1939년'으로 되어 있다.

있다. 그러나 수수하고 예스러운 가락과 창법을 '아는 사람'은 안다. 나는 귀명창 축에 들지 못하지만 소리를 들은 소감을 짧게 적어둔다.

(上聲 紙韻, 2020. 3. 21)

48
아쟁에 소리가 가린 김일구(金一球) 二首

赤壁華容道
震蕩草木驚
何以和坡賦
秋夜風箏聲

적벽가 화용도 대목
한 바탕 흔들어 초목도 놀라네.
무엇으로 동파의 부(賦)에 화답할까
가을 밤 바람결의 아쟁 소리라.

散調臻妙域
音律無人評
夫妻鐘鼓樂
一家團圓情

산조는 묘경(妙境)에 들었고
음률로는 평할 사람 없다네.
부부가 종고(鐘鼓)로 즐기시니
집안에 단란함이 넘치는구나.

해설

　김일구(1940-) 명창은 전라남도 화순 출신이다. 김동문(金東文) 명창의 아들로, 일찍이 공대일 명창에게 판소리의 기초를 닦은 뒤 여러 명창을 찾아다니며 다섯 바탕을 연마하였다. 마침내 박봉술 명창의 인정을 받고 1992년 중요무형문화재 제5호 판소리 적벽가 준보유자가 되었다. 1982년에 국립창극단에 들어간 뒤 이듬해 전주대사습 전국대회 판소리명창부 경연에서 장원을 하였다. 43세 때의 일이다.

　한편 그는 장월중선 명창으로부터 아쟁을 배워 일가를 이루었다. 현재는 '김일구제'라고 불러야 할 정도로 창신(創新)의 측면이 많이 가미되었다. 산조 음악이 지닌 즉흥성을 최대한 살렸다고 할 수 있다. 두보는 이백에 대해 '시무적(詩無敵)'이라 하였다. 김일구에게는 '쟁무적(箏無敵)'이란 말이 어울릴 듯하다. 1979년 전주대사습 전국대회 기악부에서 아쟁으로 장원을 하여, 판소리보다 먼저 명성을 얻었다. 소리와 기악 두 부문에서 장원을 한 것은 아직까지 그가 유일하다.

　김일구 명창은 판소리의 소릿속을 훤히 꿰뚫은 데다 음률에 밝아 양쪽을 겸전(兼全)할 수 있었다. 작곡 능력이 뛰어난 것도 이 때문이다. 아쟁은 물론 거문고·가야금에도 뛰어난 '현악의 귀재'다. 음률로 그를 능가할 사람이 몇이나 될지 궁금하다. 다만 '아쟁이 소리를 가린[箏蔽唱]' 감이 없지는 않다.

　2002년부터 전주시 풍남동에 있는 '온고을소리청'(국악전수관)에서 후진들을 양성하고 있다. 역시 판소리를 하는 부인 김영자(金榮子: 1949-) 명창과 종고(鐘鼓)의 즐거움을 추구한다. 두 아들도 판소리와 아쟁을 전공하여 부모의 뒤를 잇고 있다. '단란한 가족의 정[團欒之情]'은 더 말할 나위가 없을 것 같다. 2012년 제22회 동리대상(桐里大賞)을 받았다. (下平聲 庚韻, 2020. 6. 4)

감상평

만능국악인 김일구 명창을 기린 시다. 시의 기본 특성인 리듬과 운율에 정통하였다. 형식은 한시이지만 현대시 못지않게 감동을 준다. 백거이는 그의 창작론 〈여원구서(與元九書)〉에서 "시를 나무에 비유하자면 정서는 뿌리, 말은 싹, 소리(운율)는 꽃, 뜻은 열매다[詩者, 根情, 苗言, 華聲, 實義]"라고 하였다. 백사의 시는 감정이 튼튼하고 시어가 번창하고 운율이 맛있고 뜻이 확실하다.

제1수에서는 김 명창의 장기가 적벽가임을 드러냈다. 화용도 대목을 잘하여 초목도 놀랄 지경이라 하였다. 매우 탁월한 조탁 능력이다. 더 나아가 아쟁 연주가 소동파의 〈적벽부〉에 화답할 만한 기량이라고 점층(漸層)하였다. 이는 두 거장의 예술에 정통한 사람이 아니면 드러내기 어려운 대목이다.

소동파는 아버지 소순(蘇洵), 동생 소철(蘇轍)과 함께 당송팔대가에 속하는 대문장가다. 아울러 동양의 레오나르도 다빈치라 불리는 만능 예술인이다. 소동파의 〈적벽부〉는 적벽대전(赤壁大戰)을 회상하고 인간 존재에 대한 깊은 사색을 한 걸작이다.

제2수는 김 명창이 타의 추종을 불허하는 아쟁 산조의 대가임을 드러내면서 단란한 가정생활을 언급하였다. 김 명창은 1979년 전주대사습 전국대회 기악부에서 아쟁으로 장원을, 1983년 같은 대회 판소리 명창부에서 장원을 한 기재(奇才)다. 부인 김영자 역시 판소리 명창이며 두 아들도 아쟁과 판소리를 전공하고 있다.

'종고락(鐘鼓樂)'은 『시경』에서 인용한 시어다. 국풍에 "요조숙녀 종과 북을 울리며 즐긴다네[窈窕淑女, 鐘鼓樂之]"라 한 구절이 있다. 부부의 금슬 좋은 것을 은유한 것이다. 종고지락(鐘鼓之樂)은 바로 백사 자신의 가정을 반영한 듯하다. 백사의 가정에도 '일가단원정(一家團圓情)'이 넘치기를 기원한다. 〈최규학〉

49
박동진 명창의 30년 짝 주봉신(朱鳳信)

先導後輔一鼓手
忍堂許爲忘年友
近三十載雌雄間
夜臺忽報復作耦

앞서 끌어주고 뒤를 받쳐주니
일고수(一鼓手) 아니던가.
인당 박 명창이 인정하여
망년우(忘年友)로 삼았었네.

삼십 년 가깝도록
자웅(雌雄)[98] 사이로 지냈더니
어느 날 저승에서 소식 왔네
"다시 만나 단짝이 되었다"고.

해설

　명고수 주봉신(朱鳳信: 1932-2016)[99]은 전라북도 완주 출신이다. 젊어서 판소리를 공부하다가 고수로 방향을 틀었다. 인당(忍堂) 박동진(1916-2003) 명창의 지정고수(指定鼓手)[100]다. 보비위 계통의 고수인 그는 소릿속을 잘 알고 북장단을 맛깔나게 친다. 중중모리 가락과 추임새가 일품이다. 1996년에 제14회 전국고수대회에서 대통령상을 받았다.

　1976년, 마흔이 넘어 평생의 지기(知己)요 반려(伴侶)인 박동진 명창을 만나 30년을 소리와 북장단 속에 보냈다. 두 사람은 비익조처럼 서로 떨어질 수 없는 관계였다. 주 명고는 박 명창이 세상을 떠난 뒤 짝을 잃은 비둘기처럼 힘없이 지내더니 지난 2016년 12월 30일 85세로 세상을 떠났다. 신문에서 부음을 접하는 순간 아쉬움이 진하게 밀려 왔다. 이전에 백현호 명창과 함께 찾아뵙고, 그 분의 장단에 맞추어 백 명창의 〈쑥대머리〉, 〈진국명산(鎭國名山)〉을 듣고 싶었는데, 끝내 못 이룰 꿈으로 남고 말았다. 아마도 박동진·주봉신 두 분은 야대(夜臺: 저승)에서 다시 만나 날마다 소리판을 벌일 것이다. (上聲 有韻, 2020. 5. 3)

---

98 '숫고수, 암명창'이라는 말을 염두에 둔 것이다.
99 생년이 호적상으로는 '1934년'으로 되어 있다.
100 대개 '수행고수(隨行鼓手)'란 말을 보편적으로 사용하지만, 이것은 고수를 명창에 종속된 존재로 오해할 소지가 있다.

감상평

 고수를 화제 삼아 인간관계를 따뜻하게 부각시켰다. 작자의 휴머니즘을 엿볼 수 있는 아름다운 시다. 첫 구에서 "앞서 끌어주고 뒤를 받쳐주니 '일고수(一鼓手)' 아니던가"라고 흥을 일으켰다. 판소리 한 구절을 듣는 것 같은 착각을 일으키게 한다. 이어 '일고수 이명창'의 의미를 선도후보(先導後輔)로 명확하게 정의하였다. 이는 고수가 창자의 기교에 맞추어 장단을 잡고, 창자의 소리에 대한 완급을 조절하며, 추임새를 해주는 등 분위기를 이끄는 역할을 압축하여 표현한 것이다. 또한 "고수가 명창에 앞선다"는 백사 자신의 소신을 드러낸 것이다.

 그 다음 고수 주봉신을 명창 박동진의 보조 역할 정도가 아닌 망년우(忘年友) 관계로 승화시켰다. 망년우는 나이를 뛰어넘어 사귀는 벗을 말한다. 이를테면 박목월은 5세 아래인 조지훈과 우정을 나누며 〈완화삼(琓花衫)〉과 〈나그네〉 같은 시를 주고받았다. 이백은 11세 아래인 두보와 사귀면서 서로 〈몽이백(夢李白)〉, 〈춘일억이백(春日憶李白)〉, 〈희증두보(戲贈杜甫)〉와 같은 명시를 주고받았다. 이 시에서는 명창 박동진과 16세 아래인 고수 주봉신 사이를 망년우의 최고봉으로 그려냄으로써, 시를 빛냄은 물론 살벌한 세태에 질타를 가하였다.

 끝 구절 "어느 날 저승에서 소식 왔네. 다시 만나 단짝이 되었다고 [夜臺忽報復作耦]"라 한 대목은 독자가 눈물로 공감을 일으키게 하는 감동적인 시적 표현이다. 백사가 감정 이입과 공감 능력이 탁월한 시인임을 다시 한 번 확인할 수 있다. 〈최규학〉

장단 하나로 통하는 김청만(金淸滿)

到老不息代天工
鼓通長短動靜宮
四座興酣欲起舞
歸路袖裏滿淸風

늙도록 하늘의 일을
대신하느라 쉼이 없으니
북 하나로 통했다네
장단 동정의 궁(宮)에.

관객들 흥 오르면
춤이라도 출 기세였고
집에 돌아올 땐 소매에
맑은 바람 가득하였다네.

해설

　김청만(金淸滿: 1946-) 명고는 전라남도 목포 출신이다. 아호는 일통(一通)이다. 소년 시절, 소리북 장단과 농악 장단에 흥미를 느껴 입문하였다고 한다. 14세 때 이미 일이삼(一二三) 악극단에 들어가 설장구를 맡을 정도로 기량을 인정받았다. 삼십 대 중반까지 여러 국극단에서 악사(장구 반주)로 있다가 1988년 국립창극단 기악부 단원(아쟁)으로 들어갔다. 그곳에서 오래 근무하면서 민속연주단 기악부문 예술감독, 민속연주단 지도위원 등을 차례로 지냈다.

　일찍이 한일섭의 문하에서 아쟁과 북장단을 배웠고, 뒷날 김동준에게 다시 배워 사십 대부터는 전업 고수로 활동하였다. 1991년 전국고수대회 대명고부(大名鼓部)에서 장원하였고, 2013년 중요무형문화재 제5호 판소리고법 예능보유자가 되었다. 현재 일통고법보존회 이사장으로 있다. 따뜻한 인품으로 주변에 울림을 주는 분이라고도 한다.

　'소년 명창은 있어도 소년 명고는 없다'고 한다. 고수에게는 오랜 공력이 필요하다는 말이다. 그에게는 한일섭과 김동준 두 분의 스승이 있었다. 한일섭이 세밀한 기교에 뛰어난 반면, 김동준은 진중한 북가락과 간결한 추임새에서 특장을 보였다. 정세(精細)와 진중(鎭重), 서로 다른 듯한 두 기법을 김청만이 수렴하였다. 득중(得中)의 묘미를 살린 것이다. 그의 고법은 보비위 북 계통이다. 고수 자신의 기량보다도 창자(唱者)의 소리와 감정을 살려주는 데 역점을 둔다.

　김청만은 이름과 아호가 그의 예술 인생을 잘 드러낸 것 같다. 공연을 보고 귀가하는 사람들이 소매에 맑은 바람이 가득 들어 있는 듯한 느낌을 들도록 하는 사람, '청만(淸滿)'이다. 북 하나로 하늘과 땅과 사람을 통하고, 장단(長短)과 동정(動靜)에 통하는 사람이 '일통거사(一通居士)' 아니던가. 고법은 물론 국악의 거의 모든 장르에서 장단으로 통하는 사람이 일통이다. 그런 점에서 이정업 이후에 다시 보는 명인이 아닐까 한다.

그의 인생은 '장단', 그리고 그것의 '동정'에 건 삶이었다. 장단과 동정은 하늘의 일, 천공(天工)이다. 그렇다면 천공조화(天工造化)를 '북' 하나로 보여줌으로써 하늘의 일을 대신하고 있는 셈이다. (上平聲 東韻, 2020. 6. 26)

감상평

명고수 한성준·김명환·주봉신을 기린 시에 이어 김청만 명고를 일필휘지로 그려냈다. 일종의 주문 같은, 선기(仙氣)를 머금은 경구로 이루어졌다.

제1연에서는 김청만 명고의 북장단을 높은 수준으로 표현했고, 제2연에서는 청자의 감흥을 신묘하게 읊었다. '도로불식대천공(到老不息代天工)'에서 대천공(代天工)은 하늘의 일을 대신한다는 의미다. 하늘의 일이란 무엇인가? 그것은 흔히 말하는 '천도(天道)'요 천부경(天符經)에서 말하는 '우주의 운행'이며 전통 종교에서 말하는 '천공조화(天工造化)'이며 최치원의 이른바 '접화군생(接化群生)'이라 할 수 있다. 북 솜씨를 은유한 것으로는 최상의 신묘한 표현이라 하겠다.

'고통장단동정궁(鼓通長短動靜宮)'에서 고통(鼓通)은 북 하나로 음악과 인생을 일이관지(一以貫之)했음을, 장단동정은 북소리의 리듬과 운율을 말한다. 리듬과 운율은 호흡, 맥박, 탄생, 성장, 죽음, 밤낮, 사계(四季), 우주의 운행을 말한다. 궁(宮)은 임금이 사는 집을 말한다. 예를 들어 하늘나라 임금이 사는 집은 자미궁(紫微宮)이고 아기가 생겨서 자라는 집은 자궁(子宮)이다. 또한 오음(五音)의 첫째를 가리킨다. 그러므로 장단동정궁(長短動靜宮)은 음악의 근본인 율려(律呂)이고 우주 삼라만상의 근원 즉 천공(天工)이다. 대단히 심오한 통찰이다. 이러한 시어는 요즘 말로 '듣도 보도 못한' 것이다.

'귀로수리만청풍(歸路袖裏滿淸風)'에서 수리(袖裏)는 소매 속이고 만청풍(滿淸風)에서 '만청'은 김청만의 이름을 끌어온 것이다. 김청만의 북소리를 듣고 귀가하는 사람들의 느낌을 "소매에 맑은 바람 가득하였네"로 표현했다. 실로 천재적 발상이다. 익숙한 것을 낯설게 하여 감동을 일으키는 최상승의 무공이다.

덴마크 철학자 키르케고르(Søren Kierkegaard: 1813-1855)는 〈신이 내게 소원을 묻는다면〉이라는 시에서 "희망을 바라볼 수 있는 생생한 눈을 달라고 하겠다"라고 읊었다. 백사는 그런 눈을 가진 시인인 듯하다. 김청만의 북소리에서 희망을 보는 눈을 가졌음을 보여준다. 〈최규학〉

51
'미친산조'의 명인 백인영(白寅榮)

行雲流水無蹤音
月夜彈絃回雁臨
愛琴何須問雅俗
松間淸風滌煩襟

구름 같고 물 같은
자취 없는 소리라니.
달밤에 가야금 타면
가던 기러기 다가올 듯.

금(琴)을 좋아하면 되었지
'아'와 '속'을 따질 게 있나.
소나무 숲의 맑은 바람처럼
시끄러운 속을 확 씻어준다.

해설

백인영(1945-2012) 명인은 전라남도 목포 출신이다. 11살 때부터 가야금을 배우기 시작하였다. 이어 장월중선(張月中仙)·유대봉(劉大奉: 1927-1974)[101] 명인을 사사하였다. 일찍이 여성국극단 전속악사로 활동하였고 방송국 반주단 악사, 대학 강사, 한국국악협회 이사 등을 지냈다.

백인영의 가락은 즉흥성과 다양한 변화의 측면에서 단연 정상급이다. 세상 사람들은 그를 '즉흥 연주의 달인'이라고 일컫는다. 행운유수 같은 자유분방한 선율, 즉흥성 넘치는 가락은 유대봉의 가야금산조에서 영향을 받은 바 크다. 1968년에 몇 개월 동안 배웠다 한다. 배운 기간이 길고 짧음은 전혀 별개의 문제다. 유대봉은 산조의 명인 김종기(金鍾基: 1905-1945)의 제자다. 그는 여러 유파의 산조에서 좋은 가락을 따서 자신의 산조에 편입하였다. 판소리에서 경드름과 덜렁제를 수용하였다고 한다.

백인영 가야금 연주의 특장은 '흥'과 '멋'이다. 그가 짠 '미친산조(狂彈散調)'에서 절정을 이루었다. 그는 아쟁 연주에도 뛰어나 자가류(自家流)의 아쟁산조를 남겼다. 퓨전음악까지 섭렵하고 재담도 일품인 만능국악인! 그에 대한 평가는 아직은 갈리고 있는 듯하다. '21세기의 신금(神琴)'으로 평가 받을 날이 머지않을 것으로 믿는다. (下平聲 侵韻, 2020. 6. 5)

---

[101] 가야금의 명인. 전라남도 영암 출신. 창극인 유수정(劉秀正)의 아버지다.

감상평

　　가야금의 명인 백인영의 예술 세계를 기린 시다. 이 시를 읽으면 영국의 낭만주의 시인 존 키츠(John Keats: 1795-1821)의 "들리는 멜로디도 아름답지만 들리지 않는 멜로디는 더욱 아름답다"고 한 말을 이해하게 된다. 백인영이 연주하는 가야금 가락도 아름답지만 이 시에 숨은 멜로디는 더욱 아름답기 때문이다.

　　'행운유수무종음(行雲流水無蹤音)'은 가야금 예술의 정수를 정확히 짚은 것이다. 문학이나 미술은 자취가 남지만 음악은 행운유수처럼 나타났다가 없어진다. 철학자 월터 페이터(Walter Pater: 1839-1894)는 왜 "모든 예술은 음악의 조건이 되기를 열망한다"는 말을 하였을까? 공자는 무엇 때문에 "사람은 음악에서 완성된다"(成於樂)고 했을까? 백사는 이 화두에 대한 답을 '행운유수무종음'이란 말로 정리하였다.

　　이는 또 다른 화두다. 음악은 행운유수와 같이 거리낌 없고 자취를 남기지 않기 때문에 위대한 예술이 될 수 있다. 듣는 사람의 가슴에 남기기 때문에 위대하다. 백사는 끝 연에서 독자에게 그 이유를 다시 한 번 설파하였다. "소나무 숲의 맑은 바람처럼 시끄러운 속을 확 씻어준다."

　　'월야탄현회안림(月夜彈絃回雁臨)'은 백인영의 가야금 소리가 인간의 감정을 넘어 천지자연의 감정까지 공감하는 예술임을 천명한 것이다. "달밤에 가야금 타면 가던 기러기 다가올 듯." 돌아가던 기러기가 가야금 소리를 듣고는 백 명인 곁으로 다가올 것 같다는 비유다. 정말 백인영의 신금(神琴) 소리에 걸맞은 심금(心琴) 소리다. 말 그대로 과

화존신(過化存神)[102]이라 하겠다.

그러니 "금(琴)을 좋아하면 되었지 '아'와 '속'을 따질 게 있나[愛琴何須問雅俗]"라고 한 것이다. 높은 수준의 가야금 연주를 놓고 종래의 잣대로만 따지지 말라는 의미다. 백인영의 가야금 소리를 들으며 속이 시원하면 되었지 더 이상 무슨 잣대가 필요하냐는 얘기다.

백인영의 연주를 들어본 사람이라면 백사의 일갈에 동의하게 될 것이다. 이는 피카소가 세밀화에 정통한 뒤에 추상화를 그린 것과 같다. 백인영의 가야금은 이미 아(雅)에 정통한 속(俗)이다. 이 시의 감상은 이 한 마디다. "아! 속 시원하다!" 〈최규학〉

감상평

백인영 명인의 가야금산조 영상을 시청하였습니다. 간결하고 명료하여 마음에 와닿습니다. 音·臨·襟의 압운은 상상도 못했습니다. 구름과 물, 달밤, 솔숲 모두 자연의 풍경으로 세속의 번뇌를 씻겨주는 명인의 연주와 잘 연결됩니다. 제3구가 가장 인상적입니다. 좋은 연주는 좋은 연주로 끝나야 한다고 봅니다. 아속(雅俗)을 따지는 것이 무의미함을 잘 나타내신 것 같습니다. 백인영 명인의 연주는 잘 모르는 제가 봐도 엄청난 것 같습니다. 〈이진영 대학생〉

---

[102] 군자가 지나간 곳은 교화가 되고, 군자가 마음을 두는 곳은 그 덕화(德化)가 신묘(神妙)하여 헤아릴 수 없다는 말.『맹자』,「진심상(盡心上)」참조.

52
보비위 북의 명인 이낙훈(李洛薰)

負糧尋師幾何年
良玉出璞得純全
耳熟土性補脾胃
鼓訣一言奉周旋

양식 짊어지고 스승들 찾아
공부한 게 몇 년이던가.
좋은 옥이 원석을 깨고나와
순수하고 온전함을 얻었네.

토성이 비위 돕는단 말
익히 들었거니와
북치는 비결 한 말씀
받들어 주선하였다네.

해설

　명고수 이낙훈(李洛薰: 1942-)은 전라남도 보성군 벌교면 출신이다. 십 대에 농악으로 국악에 입문하였다. 상쇠로 활동하다가 판소리의 매력에 빠져들어 임준옥(林俊玉)·박초월·박향산(朴香山)·한애순(韓愛順)·박봉술·장월중선 등 쟁쟁한 명창들을 찾아다니며 판소리를 배웠다. 이후 창극에 출연하는 등 명창을 향한 꿈을 키워나갔지만 부친의 완강한 만류로 그 꿈을 접었다. 그러나 판소리에 대한 미련은 버릴 수 없어 마침내 고수로 길을 전환하였다. 이후 이정업(李正業: 1908-1974), 송영주(宋榮柱: 1920-1992), 감남종(甘南淙: 1931-), 정홍수(丁烘秀: 1932-) 등 판소리 고법의 명인들을 찾아 사사하였다. 그 사이 1979년 순천 전국판소리경연대회에서 장원을 한 바 있고, 1999년에는 전국고수대회 대명고부(大名鼓部)에서 대통령상을 받고 명고수 반열에 올랐다.

　이낙훈의 고법은 '보비위 북'을 추구했다는 데 요점이 있다. '보비위(補脾胃)'란 비위를 돕는다는 말로 고법 이론에서 사용하는 용어다. 한 마디로 창자(唱者)가 편하게 소리할 수 있도록 돕는 것이 고수의 역할이라는 의미다. 그는 평소 "북이 소리를 죽이면 안 된다"고 강조하였다. 고수의 화려하고 기교 있는 북장단에 명창의 소리가 죽거나 주눅들어서는 안 된다는 것이다. 북가락과 추임새, 장단의 정확한 템포 등 여러 면에서 창자를 감싸주어야 한다고 보았다. 변칙보다 원칙을 중시하는 데 특성이 있다. 이런 것들은 스승 이정업의 이론과 같다.

　의가(醫家)에 '토성이 비위를 돕는다'는 말이 있다. 토성은 오행(五

行) 가운데 하나이지만 위치는 중앙으로 금·수·목·화에 두루 통한다. 또 '토비위감(土脾胃甘)'이라 하여 '토'는 비위(脾胃)나 단맛에 해당하는 것으로 본다. 단맛은 비위를 돕고, 백밀(白蜜)은 단맛 가운데 최고다. '보비위 북'이란 용어에는 이런 철학적 기반이 깔려 있다.

나는 보비위 북의 특성을 '주선(周旋)' 두 글자로 다시 요약한다. 여기서 '주선'이란 소리, 아니리, 발림 등 여러 면을 도와 예술성을 끌어올리는 것이다. (下平聲 先韻, 2020. 5. 23)

53
국악계의 프리마돈나 안숙선(安淑善)

弱齡挺秀晚汀門
活水滾滾由深源
泛彼中流沈淸淚
十杖不屈春香魂
一身遂作擎天柱
從吾所好眞聖言

스무 살 무렵에 이미
만정 문하에서 빼어났다.
활수가 콸콸 흐르는 건
근원이 깊기 때문일 터.

범피중류 서글픈 대목
심청의 눈물을 본다.
십장가 처절한 노래
춘향의 혼이 서렸다.

마침내 한 몸으로
하늘 받칠 기둥이 된 분.
'내 좋은 걸 따르리라'
진정 성인의 말씀이로다.

해설

    안숙선(1949-) 명창은 국악의 성지 전라북도 남원(南原) 출신이다. 외숙이 동편제 인간문화재 강도근(姜道根: 1918-1996) 명창이고 이모가 가야금 연주가 강순영(姜順令: 1927-) 명인이다. 여덟 살 때 이모에게 가야금을 배우게 된 것이 판소리에 입문한 계기라고 한다. 어려서부터 타고난 자질이 드러나 마침내 만정 김소희 명창의 눈에 들었다. 서울로 올라와 소리 공부를 하게 된 것이다. 그에게는 스승이 많다. 강도근·박귀희·박봉술 등이 그들이다. 그러나 가장 큰 영향을 끼친 스승은 역시 김소희 명창이다. 박귀희의 뒤를 이어 가야금병창으로 인간문화재 지정을 받았지만 그의 본령은 '소리'다.

    그는 대학 출신이 아님에도 대학 교수를 지냈고, 국악과 관련하여 수많은 직책을 맡았다. 그의 이력을 나열하는 것이 번거로울 정도다. 인기와 명예로 그와 맞설 사람이 그리 많지 않을 것 같다. '국악계의 프리마돈나'라는 칭호가 지나치지 않다. 그의 출중한 실력과 인간미를 엿볼 수 있는 대목이다.

    현재 칠십이 넘었지만 현역 못지않게 왕성한 활동을 하고 있다. 오척 단신에 어디서 그런 에너지가 쏟아져 나오는지 놀라울 뿐이다. 주야로 콸콸 흐르는 활수(活水) 그 자체다. 이것은 근원이 깊기 때문이다. 그 근원은 타고난 자질과 여러 스승들의 가르침에서 찾을 수 있을 것이다. 고희를 넘긴 나이에도 소리공부를 결코 게을리 하지 않는다는 사실, "목숨을 걸어야 남을 울릴 수 있다"는 그의 말이 감동으로 다가온다.

그는 현재 판소리계에서 경천주(擎天柱)의 위치에 있다. 하늘을 떠받칠 기둥이라는 의미다. 일찍이 공자는 "누구나 부자가 될 수 있다면 나는 말채찍이라도 잡을 것이다. 그러나 세상살이란 그렇지 않다. 나는 내가 좋아하는 일을 하면서 살겠다[富而可求也, 雖執鞭之士, 吾亦爲之, 如不可求, 從吾所好]"라고 하였다(『논어』, 「술이(述而)」). 안숙선 명창의 일생을 기리면서 성인의 말씀을 인용하지 않을 수 없다. 가장 적절한 말씀이기 때문이다.

안숙선 명창의 판소리 다섯 바탕, 어느 것이든 좋지 않은 게 있으랴만, 〈사랑가〉, 〈자진사랑가〉, 〈구음시나위〉는 언제 들어도 좋다. 예술성의 측면에서는 〈범피중류〉 대목을 꼽을 만하다. 춘향가 가운데 〈십장가〉 대목 역시 춘향의 혼을 흠뻑 느낄 수 있다. (上平聲 元韻, 2020. 6.10)

감상평

국악계의 프리마돈나 안숙선 명창을 기린 시다. 이 시대 최고의 명창을 기리는 시이니만큼 리듬과 은유를 잘 살렸고, 적절한 이미지 군(imagery)을 활용하였다. 루이스는 시의 이미지를 '말로 만들어진 그림'이라고 했다. 이 시에서는 참신한 이미지군(群)이 독자를 즐겁게 하고 있다. 감각적 이미지(mental image), 비유적 이미지(figurative image), 상징적 이미지(symbolic image)가 차례로 표현되었다.

이 시는 6구체 3연으로 구성되었다. 스토리는 간단하다. 첫 연은 안숙선 명창이 만정 김소희 문하의 빼어난 소리꾼이었다는 것, 둘째 연은 안 명창이 심청가의 〈범피중류〉, 춘향가의 〈십장가〉에서 예술혼을 발휘했다는 것, 셋째 연은 안 명창 스스로 판소리계의 기둥이 되었다는 것이다.

첫 연에서 약령(弱齡)은 젊은 시절을 말하고 만정(晚汀)은 김소희 명창의 호다. 활수(活水)는 주자의 시 〈관서유감(觀書有感)〉 끝 구절 '위유원두활수래(爲有源頭活水來)'에서 인용한 것이다. 〈관서유감〉은 주자의 시 가운데 문학성이 높고, 특히 이 구절은 산뜻한 비유가 살아있다는 평을 듣는다.

둘째 연에서 〈범피중류〉는 판소리 심청가 중의 눈대목이다. 심청이 배를 타고 인당수로 가는 여정을 묘사한 것이다. 뱃사람들에게 몸이 팔린 심청이 불쌍한 아버지를 홀로 남겨 두고 유유히 바다 위로 떠가는 모양을 눈물 나게 연창한다는 것을 강조했다.

십장(十杖)은 춘향가 중 〈십장가〉를 말한다. 춘향전 중에서 옥에 갇힌 춘향이가 집장사령에게 매를 맞으면서 그 숫자에 맞추어 자신의 절개를 읊은 노래다. 사설은 "전라좌도 남원 남문 밖 월매 딸 춘향이가 불쌍하고 가련하다"로 시작하여, '하나 맞고 하는 말'로부터 '열을 맞고 하는 말'까지 계속된다. 이 대목은 그 시대의 여성상을 잘 나타낸 것이며 춘향의 굳은 절개와 순수한 사랑을 절묘하게 표현한 것이다. "하나 맞고 하는 말이 일편단심 춘향이가 일종지심 먹은 마음 일부종사 하잤더니 일각일시 낙미지액(落眉之厄)에 일일칠형(一日七刑) 웬일이오"라고 노래하는 안 명창의 곱고 아름다운 모습이 마치 춘향이와 닮았고, 신윤복의 미인도와도 닮은 듯하다.

셋째 연 '일신수작경천주(一身遂作擎天柱)'에서 '경천주(擎天柱)'는 하늘을 떠받치고 있는 큰 기둥이다. 지천주(支天柱)라고도 한다. 전설에 의하면 하늘을 떠받치는 곤륜산(崑崙山)에 여덟 개의 기둥이 있다고 한다. 백사는 안숙선 명창을 판소리계의 천주(天柱)로 인정하였다. 판소리계에서의 위상을 최고로 평가한 것이다.

'종오소호(從吾所好)'는 『논어』 「술이」 편에서 인용한 공자의 말이다. 안 명창의 좋아하는 바가 돈 버는 일이 아니라 판소리를 하는 일이었음을 말하면서 자신의 생각도 함께 투영하였다. 안 명창을 추억하다가 성인의 말씀을 떠올리는 것에서 안 명창의 삶이 성인의 가르침과 합치됨을 엿볼 수 있겠다. 이는 관극시에서 쉽게 볼 수 없는 높은 수준의 칭찬이라 하겠다. 〈최규학〉

54
늘 푸른 명창 김영자(金榮子)

唱似啖蔗深入味
劇如烈火鍋水沸
意氣勃勃四時靑
歌人百年春風貴

소리는 사탕수수 씹듯이
깊게 들수록 맛이 있고
창극은 활활 타는 불에
솥물이 설설 끓듯 하네.

왕성한 의기(意氣)
사시에 늘 푸르니
명창의 백 년 인생
봄바람이 귀하구나.

해설

　김영자(1949-)[103] 명창은 대구에서 태어났다. 전라도 출신으로 옛 명창들의 소리를 좋아하던 부친의 영향을 많이 받았다. 부친은 박동진·정권진 명창과 친교가 있었다. 이런 연고로 어려서 정권진 문하에 들어갔다. 판소리에 입문한 뒤 30여 년에 걸쳐, 김소희 명창에게 심청가와 춘향가를, 성우향 명창에게 강산제 춘향가와 심청가를, 정광수 명창에게 수궁가와 흥보가를, 오정숙 명창에게 동초제 흥보가를 배웠다. 2020년 중요무형문화재 제5호 심청가(강산제) 예능보유자로 지정되었다. 그의 소리의 중심은 '보성소리'다.
　1974년 국립창극단에 들어갔다. 이전에는 국악단-국극단 등에서 활동하였다. 국립창극단 단원으로 선발된 직후 창극 춘향전, 심청전을 공연할 때 춘향·심청의 역을 맡아 타고난 기량을 선보였다. 그러나 이런저런 이유로 곧 그만두었다. 1975년부터 성우향 명창에게 춘향가, 심청가 등 보성소리를 여러 해 배운 뒤, 1979년 춘향가 온 바탕을 공연, 명창을 향해 도전하였다. 1984년 남원춘향제 전국명창대회에서 장원을 차지하고, 이듬해 전주대사습대회 판소리명창부에서 장원을 하여 명창의 반열에 올랐다. 1992년에 KBS 국악대상을 받은 것을 비롯하여, 2019년에는 제29회 동리대상을 수상하였다.
　1984년 국립창극단에 재입단하여 수많은 공연을 하였다. 그는 소리와 연기 두 가지를 제대로 갖추었다는 평가를 받는다. 타고난 성음

103　호적상으로는 2년 늦은 '1951년생'이다.

이 좋고 힘차며 실하다. 창극에서는 '넘치는 끼'를 확실하게 보여주었다. 춘향전에서의 춘향 역, 심청전에서의 심청 역과 뺑파 역, 수궁가에서의 토끼 역 등 소화해내지 못하는 역이 없는 것 같다. 남편 김일구 명창과 함께 하는 창극공연 〈뺑파전〉은 트레이드마크로 자리잡은 지 오래다.

김영자 명창은 현재 국악계의 원로로 대접 받는다. 부군 김일구 명창과 함께 전주에서 '온고을소리청'을 열고 후진들에게 판소리 등 국악을 가르치고 있다. 칠십이 넘었지만 가슴 속은 늘 봄바람인 것 같다. 청년 못지않게 왕성한 공연 활동을 하고 있다. 두 아들도 판소리와 기악으로 뒤를 잇고 있으니, 이 시대의 모범적인 국악가족이라 하겠다.

(去聲 未韻, 2020. 6. 21)

감상평

중요무형문화재 제5호 심청가(강산제) 예능보유자 김영자 명창을 기린 시다. 대구의 멋쟁이요 판소리 명창들과 교류가 많았던 아버지 덕분에 6세 때 김옥돌 명인에게 가야금을, 8세 때 정권진 명창에게 판소리를 배운 것이 국악에 입문한 계기라고 한다.

이 시에서는 탁월한 이미지를 활용하였다. 로빈 스켈톤(R. Skelton: 1913-1997)에 의하면, 이미지는 1차적 이미지(primary image), 2차적 이미지(secondary image), 3차적 이미지(tertiary image)로 구분된다. 1차적 이미지는 외면 묘사, 2차적 이미지는 내면묘사, 3차적 이미지는 의미 묘사를 말한다. 김 명창의 판소리를 '담자미(啖蔗味)', 창극을 '열화과

(烈火鍋)'로 1차적 이미지를, 의기를 '사시청(四時靑)'으로 2차적 이미지를, 소리 인생을 '춘풍귀(春風貴)'로 표현하여 3차적 이미지를 사용했다. 이처럼 이미지 단계를 거의 완벽하게 구현하는 것은 매우 어려운 일이다. 두보나 도연명도 쉽지 않았을 것이다.

백사는 김 명창의 소리 인생에서 봄바람의 '성(盛)한 이미지'가 강하게 풍기는 것을 귀하게 여겼다. 독자의 공감을 얻기 위해, 김 명창의 소리를 씹을수록 깊어지는 사탕수수 맛으로, 창극을 활활 타는 불에 끓는 솥물로, 의기는 발발한 사시청으로 이미지화하였다.

'가인백년춘풍귀(歌人百年春風貴)'는 이 시의 결론이며 핵심이다. '춘풍귀(春風貴)'로 김 명창의 예술 인생을 예찬하였다. 이는 김영자 명창이 칠십이 넘어서도 국악교육과 공연을 활발히 펼치고 있고, 부군 김일구 명창과 종고지락(鐘鼓之樂)을 나누며 두 아들까지도 국악에 종사하여 전도가 양양함을 은유한 것이다. 시는 김 명창과 동일체를 이루고 있다. 김 명창의 소리처럼 씹을수록 깊어지는 사탕수수 맛의 시다. 〈최규학〉

55
일찍 꺾인 대들보 은희진(殷熙珍)

間世聲音松柏姿
歌場劇院皆許推
皇天何事奪命速
一朝摧梁撑者誰

여러 대 드물게 보는 성음
소나무 잣나무 같은 자태.
소리마당과 창극판에서
다들 칭찬하고 인정하였다네.

하늘은 무슨 일로 수명을
저리도 빨리 빼앗아갔는지.
하루아침에 대들보 꺾였네
버팀목이 그 뉘란 말인가.

해설

　은희진(殷熙珍: 1947-2000) 명창은 전라북도 정읍 출신이다. 그는 '초산박옥(楚山璞玉)'이다. 초산은 정읍의 옛 이름이요, 화씨벽(和氏璧)이 나온 형산(荊山)의 또 다른 이름이기도 하다. 형산의 박옥 같은 은희진은 판소리에 입문한 뒤 곧 원석(原石)의 모습에서 벗어나 귀한 보옥으로 다시 태어났다. 남성 명창이 많지 않은 소리판에 매우 좋은 성음을 타고난 가성(歌星)이 나왔으니 주목을 받을 수밖에 없었다. 그는 수리성을 타고나 깊고 중후한 저음·중음, 시원스런 상청을 자유롭게 구사하였다. 또 연기력이 뛰어나 다른 명창들의 부러움을 샀다. 조상현 명창 못지않은 좋은 조건을 갖춘 명창으로 기대를 한 몸에 받았으나 54세에 세상을 떠났다. 판소리계의 큰 손실이 아닐 수 없다.

　은희진은 오정숙에게서 춘향가·흥보가·수궁가를, 박봉술에게서 적벽가를, 조상현·성우향에게서 춘향가와 심청가를 배웠다. 그에게 동·서편의 경계는 따로 없었다. 1985년에 춘향가·심청가·수궁가 온 바탕을 공연하여 존재감을 한껏 드러낸 데 이어 1988년 전주대사습 전국대회 판소리명창부에서 장원을 하여 정상급에 올랐다. 1996년에는 중요무형문화재 판소리 춘향가 준보유자로 지정을 받아 세인의 기대를 갖게 했으나 얼마 뒤 세상을 떠나고 말았다. 그는 국립창극단에서 오래 활동을 하였으며, 소리색과 연기력 양면을 다 갖춘 예인으로 평가를 받는다. 세상을 떠나기 전에 전북도립국악원 예술감독으로 있었다. 부인이 이순단(李順丹) 명창이다. 소리 제자로 김학용(金學容)·이자람 등이 있다. (下平聲 支韻, 2020. 5. 20)

56
곰삭은 수리성의 진수 김수연(金秀姸)

天誘鬼通知向方
初月就圓梅又香
剛健篤實大畜象
良玉出璞遂輝光

하늘이 끌고 귀신이 틔워
나아갈 길을 알았네.
초승달이 보름달 되더니
매화마저 향기를 뿜는구나.

강건(剛健)과 독실(篤實)은
하늘 품은 산의 괘상(卦象).
좋은 옥이 원석에서 나와
드디어 밝은 빛 발하였다.

해설

　김수연(1947-) 명창은 전라북도 군산 출신이다. 국악학원에서 흘러나오는 우리 소리가 좋아 그 길을 택하게 되었다고 한다. 여러 스승에게 배웠으나 시작은 박초월, 끝은 성우향이라고 할 정도로 두 명창의 영향이 컸다. 초월(初月)에 우향(又香)! 우연치고는 기막힌 조합이다.

　1978년 남원춘향제 명창대회에서 장원을 차지하며 이름을 내기 시작하였고, 이어 1989년 전주대사습대회에서 판소리명창부 장원, 1992년 KBS 국악대경연에서 대상을 차지하면서 명창 반열에 올랐다.

　그는 명창이 될 기량을 넉넉히 갖춘 데다가 소리를 얻기 위해, 또 좋은 더늠을 찾아서 끊임없이 노력하였다. 『주역』의 '산천대축(山天大畜)' 괘, 즉 산이 하늘을 품은 괘에 비할 수 있을 것 같다. '대축(大畜)'은 크게 쌓는다는 의미다. 작은 것이 하나하나 쌓여 크게 되는 것을 말한다. 그 단사(彖辭)에 '大畜, 剛健篤實, 輝光日新'이라 하였다. '강건'과 '독실', 그리고 '휘광'은 이 괘를 상징하는 단어들이다. 그의 소리 인생이 대축괘에 담긴 이치와 부합하는 것은 우연이 아닐 것이다.

　그의 성음은 '곰삭은 수리성'이다. 구수하고 은근함이 그의 장기다. 애원성이 일품이다. 한편으로 남성다운 소리도 잘 구사한다. 그가 수궁가에 능한 것은 이와 관련이 있다. 수궁가는 '소적벽가(小赤壁歌)'라 할 정도로 부르기가 만만치 않다. 남성다운 격렬한 대목이 많다. 그가 배운 박초월의 미산제(眉山制) 수궁가는 비교적 부드럽고 편안한 측면이 많다.

　그는 '판소리와 결혼했다'고 말할 정도로 소리에 평생을 바쳤다.

판소리 다섯 바탕을 차례로 연창하였으며, 칠십을 넘긴 뒤에도 수궁가 온 바탕을 공연한 바 있다. 박초월의 수궁가와 성우향의 춘향가는 그의 소리를 보증하는 등록상표와 같은 것이라 하겠다. (下平聲 陽韻, 2020. 6. 13)

아미산 달 그림자 같은 전정민(全貞敏)

峨眉山月千里明
深溪流水聲益淸
直登雲霄正如鶻
歌引龍宮不夜城

아미산의 밝은 달
천 리 밖까지 비추고
깊은 골 흐르는 물
그 소리 더욱 맑다.

곧장 하늘로 날아오르니
송골매 같은 분.
노래로 인도하는 곳
용궁 불야성이라.

해설

　박황(朴晃)의 『판소리 이백년사』(1987) 맨 마지막을 장식한 전정민(全貞敏: 1953-)[104] 명창! 당시 만 34세, 대개 사전(史傳)에 이름이 오를 나이는 아니다. 그럼에도 1980년대 주역 가운데 한 사람으로 기술되었다. 소리 실력이 출중했기 때문이리라. 1984년 만 31세 때 전주대사습대회에 도전, 판소리명창부에서 장원을 하였다. 서른 살을 갓 넘긴 최연소 장원인 데다 첫 도전에서 정상(頂上)을 차지한 것이다. 창공을 나는 송골매 같은 기상을 엿보게 한다. 판소리계의 기대주(期待株)로 촉망을 받았을 것은 불문가지의 일이다.

　그는 본디 금산(錦山) 출신이지만 전주가 제2의 고향이다. 처음에 추담(湫潭) 홍정택(洪正澤: 1921-2012) 명창에게 배운 뒤 1975년부터 박초월의 문하에 들어가 한 스승 밑에서 오래 공력을 쌓았다. 그에게 '미산 박초월[峨眉山月]'의 영향은 실로 크다. 전 명창에게 배운 백현호 씨에 따르면, 그는 운명적인 계시를 받고 판소리에 입문하게 되었다고 한다. 그렇다면 판소리는 그에게 속명탕(續命湯)이 아닐까.

　성음은 그야말로 천구성(天具聲)이다. 힘이 많이 드는 대목을 그는 큰 힘 안 들이고 해낸다. 타고난 목청과 오랜 수련이 함께 빚어낸 결과다. 그의 소리는 바탕은 깊고 흐름은 맑다[源深流淸]. 또 가볍지 않고 씩씩하다[壯而重]. 너름새나 발림이 아닌 소리로 건곤일척(乾坤一擲)의 승부를 걸 만한 명창이다. 그의 장기인 수궁가를 듣고 있노라면 용궁

104　호적에는 '1949년'으로 잘못 되어 있다 한다.

에 선유(仙遊)를 한 듯한 기분이다. (下平聲 庚韻, 2020. 5. 10)

감상평

여류 명창 전정민을 기린 시다. 수궁가 실연(實演)을 보고 쓴 시이므로 살아 있는 관극시다. 전정민은 미산 박초월을 사사하고 수궁가로 이름을 날렸다. 국내외 공연과 국악 관련 단체에서 활발한 활동을 이어오고 있다.

선경부에서 "아미산의 밝은 달 천 리 밖까지 비추고 깊은 골 흐르는 물 그 소리 더욱 맑다"고 하였다. 병풍 그림을 보는 듯 황홀감을 주는 회화적 표현이다. 그야말로 제대로 흥을 돋운 것이다.

'아미산월'은 미산 박초월을 의미한다. 중의적인 문장 구성은 박초월이라는 명창과 시 창작기법에 정통하지 않고는 구사하기 어려운 빼어난 은유다. 박초월의 판소리를 이보다 아름답고 찬란하게 표현하기는 어려울 것이다. 거기에 전 명창과 백사 자신의 포부까지 곁들여 풍경화를 그려냈다. 참으로 깊은 맛이 우러난다.

이어 '심계유수향익청'도 궁합이 딱 맞는 표현이다. 박초월과 전정민이 하늘과 땅에서 합창을 하는 풍경이다. 박초월과 전정민을 달과 시내로 그려낸 것은 마치 겸재 정선의 진경산수화를 보는 듯하다. 안견(安堅)의 〈몽유도원도(夢遊桃源圖)〉를 보고 있노라면 자기도 모르는 사이에 눈물이 흐르듯이 이 두 구절을 제대로 읽으면 눈물이 나올 만한 문장이다. 판소리를 가슴으로 듣는 것처럼 가슴으로 읽어지는 시구다.

후정부 "곧장 하늘로 날아오르니 송골매 같으신 분. 노래로 인도하는 곳 용궁 불야성이라"고 한 대목에서는, 전정민 명창의 성취를 시적 문장으로 비유와 흥을 살려 호소하였다. 『시경』의 해설서 「모시서(毛詩序)」에 보면 육의(六義)에서 시작(詩作)의 기법으로 부(賦)·비(比)·흥(興)을 말하고 있다. 이 시는 비유와 흥취에 좋은 본보기라 생각된다.

전정민의 성공과 출세를 송골매가 하늘로 곧장 날아오르는 것에 비유한 것은, 황하의 잉어가 용문의 거센 물살을 거슬러 올라야 용이 될 수 있다는 등용문(登龍門)의 전설보다 매력적이고 역동적이다. '용궁 불야성' 또한 대단한 표현이다. 여기서 용궁을 인용한 것은 전정민 명창이 수궁가의 대가라는 점에서, 불야성은 전 명창의 인기를 압축하는 최고의 찬사라는 점에서 이 시의 화룡점정(畵龍睛點)이 되었다.
〈최규학〉

춤의 근원을 찾는 차명희(車明姬)

靜中韻益發
動裏興漸高
一向探源舞
美質加堅操

고요한 가운데
운치가 더욱 살아나고
움직임 속에서
흥이 점차 고조되네.

언제나 한결같이
근원 찾아 춤춘 분.
좋은 바탕에다
굳은 지조 더하였네.

해설

　차명희(1959-) 명무는 서울 출신이다. 초등학교 때 전통무용에 입문하였다고 한다. 김진걸(金振傑: 1926-2008) 명인에게 산조춤을, 김병섭(金炳燮: 1921-1987) 명인에게 설장구를 배운 뒤 춘당 김수악 명인의 문하에 들어가 검무, 살풀이춤, 교방굿거리춤(경남무형문화재 제21호)을 이수하고, 중요무형문화재 제21호 승전무까지 이수하였다. 이어 장금도(張錦桃: 1928-2019) 명인, 조갑녀(趙甲女: 1923-2015) 명인에게 민살풀이춤과 승무를 배웠다.

　전통춤 명인들의 예술세계를 두루 섭렵한 그는 춤사위에 깃든 원리와 역사성, 전통성, 예술성에 대해 연구를 진행하여 성균관대학교 대학원에서 예악학(禮樂學)으로 철학박사 학위를 취득하였다. 저술로 『동아시아 예술과 유가미학』(공저), 『장월중선의 예술세계』(공저) 등이 있다. 현재 춘당김수악전통예술보존회 회장, ㈔ 국가무형문화재 승전무 서울지부장, ㈔ 한국춤예술센터 이사장, 정우(貞禑) 예술단 대표로 있다.

　차명희의 전통춤에는 김수악 명인의 예술정신이 짙게 배어 있다. 춤사위-춤맵시는 말할 것도 없고, 전통춤에 담긴 철학적 깊이라든지 예술적 미의식(美意識)의 측면에서 영향이 지대하다. 그가 전하는 김수악 명인의 훈사(訓辭)에는 묵직한 울림이 있다. "춤은 마음, 인내, 공력, 한, 멋, 혼이 어우러져야 한다"; "남에게 보이려고 하지 말고 너 자신을 위해 추라"; "춤을 출 때 항상 손등에 무거운 소금 가마니를 얹고 춘다고 생각하라"; "춤에서 나오는 멋과 한은 나무에 물 오르듯 해야 한다" 등등. 이것을 뛰어넘는 전문적 이론이 따로 있을까.

　차명희의 우리춤 영역은 넓다. 그 중에서 교방굿거리춤과 민살풀이춤이 장기다. 민살풀이는 '수건 없이 하는 살풀이'이다. 국어사전에도 등재되어 있다. 정적(靜的) 분위기의 민살풀이에서 '묘한 멋(운치)'을 느낄 수 있다면, 상대적으로 동적(動的)인 굿거리춤에서 '넘치는 흥'을 한껏 맛볼 수 있다. 두 춤이 차 명인에게서 묘하게 대비되면서 어우러진다. (下平聲 毫韻, 2020. 6. 30)

송계(松溪)의 손자 정회석(鄭會石)

老鶴長唳兒孫和
靑松伴溪白雲過
繼志闡業實大孝
漸入蔗境沈淸歌

늙은 학 길게 소리하니
아들과 손자가 화답을 하는데
푸른 솔 계곡을 곁에 끼고
흰 구름 그 위를 지나간다.

뜻 이어 가업 넓히는 게
대효(大孝)가 아니랴.
심청가 들을수록
사탕수수 씹는 맛[105]이다.

해설

정회석(1963-) 명창은 송계 정응민의 손자다. 보성소리를 대표하는 송계가문(松溪歌門)의 대를 이었다. 복중(腹中)에서 이미 판소리를 듣고 자랐다고 할 정도로 소리와의 인연이 지대하다. 보성소리는 정응민에 의해 새로운 유파로 발전하기 시작하여 오늘날에는 한국 판소리의 주류를 이루고 있다. 한편으로는 아들 정권진에 의해 가업(家業)으로 이어졌으며, 손자 정회석이 다시 이어받음으로써, '판소리 명문 4대'를 자랑하게 되었다. 정회석 명창은 아버지 정권진의 목구성을 그대로 이어받아 고풍스럽고 격조 있는 판소리를 한다. 2020년 중요무형문화재 제5호 보성소리 심청가 예능 보유자로 지정되었다. 가문에서 양대에 걸쳐 인간문화재가 배출된 것은 실로 드문 일이다.

정응민 명창은 농사지으며 소리하던 분이었다. 사진을 통해 보는 말년의 그의 모습은 마치 신선과 같다. 그야말로 수척한 노학(老鶴)이다. 학에게는 푸른 솔과 흰 구름이 제격이다. 노학에게 청송과 백운이 있어 운치를 돋운다.

노학의 긴 소리에 아손(兒孫)이 화답을 한다. 대효(大孝)는 따로 있지 않다. 선대의 뜻을 이어 가업을 발전시키는 것이 다름 아닌 대효다. 송계가문에서는 "마음을 바르게 가져야 바른 소리를 얻는다"고 하여 '정심정음(正心正音)'을 가르쳤다. 또한 효를 유달리 강조하였다. '효'와 관계있는 심청가를 다시 짜는 데 유난히 공력을 들였다. 정회석의 소

---

105 점입자경(漸入蔗境): 점입가경(漸入佳境)과 같은 말.

리 역시 심청가에 가장 능하다. 그의 판소리를 듣고 있노라면, 점입가경(漸入佳境)의 고사가 절로 떠오른다. 사탕수수를 씹을 때 위에서 뿌리 쪽으로 내려갈수록 단맛이 더하는 것과 마찬가지로, 음미할수록 맛과 향이 우러난다. 사공도(司空圖)의 이십사시품(二十四詩品)을 빌어 보성소리를 논하자면 충담미(沖澹味), 고고미(高古味), 전아미(典雅味), 함축미(含蓄味) 네 가지를 들 수 있지 않을까 한다. (下平聲 歌韻, 2020. 8. 23)

감상평

이 시의 맛은 그야말로 '점입자경'이다. 줄기부터 씹는 사탕수수[蔗]와 같다. 뿌리 쪽으로 내려갈수록 맛이 더 달다. 기승전결로 갈수록 맛이 깊어지니 말이다. 정회석의 판소리는 들을수록 맛이 깊어지는 것이 사실이다. 중국 동진(東晉)의 화가 고개지(顧愷之)의 고사를 인용하여 정회석의 심청가를 칭찬한 것은 문학사를 두루 살펴도 찾기 어려운 절묘한 묘사다.

첫연의 '아손(兒孫)'은 추사 김정희의 글씨 '고회부처아녀손(高會夫妻兒女孫)'을 떠올리게 한다. "최고의 만남은 부부와 자식과 손자의 만남이다"라는 말인데, 바로 정회석 가문이 그러함을 노학장려(老鶴長唳)를 배경 음악 삼아 그려냈다. 첫 연은 소리요, 둘째 연은 그림이며, 셋째 연은 정신이요, 끝연은 감상이다. 작자의 주관적 해석을 절제하고 객관적 사실에 입각하여 세한도(歲寒圖)를 그려내듯 하였다. 추사의 '磨穿十研, 禿盡千毫' 즉 "벼루 열 개를 갈아 구멍을 내고 붓 천 자루를 몽당붓으로 만들었다"는 말이 떠오른다. 정회석 가문의 소리가 그러하고 백사의 학문도 그러하다는 생각이 든다. 올여름이 다 가기 전에 사탕수수 한번 씹어보고 싶다. 〈최규학〉

60
송계의 가을달 같은 윤진철(尹珍哲)

才氣穎脫不俗流
天牽定路復何求
正心正音師門訣
松溪秋月照未休

재주와 끼를 타고난 사람
속된 데로 흐르지 않았네.
하늘이 정해진 길로 이끌었으니
다시 무엇을 구할 것이랴.

'바른 마음 바른 소리'는
스승이 내려준 지결(旨訣).
송계(松溪)의 가을 달이
쉼 없이 비치는구나.

해설

    윤진철(1964-) 명창은 전라남도 목포 출신이다. 판소리와 무관한 가정 배경 속에서 태어나 스스로 자신의 진로를 선택하였다. 처음 김소희 명창에게 배웠으나 곧 정권진의 문하에 들어가 보성소리를 전문적으로 익혔다. 1998년 전주대사습대회 판소리명창부에서 장원을 하였다. 34세 때의 일이다. 남성 명창이 많지 않은 판소리계에 성사(盛事)였다. 전남대학교 국악과, 용인대학교 예술대학원을 졸업하였고 현재는 윤진철국악예술단 단장으로 있다.

    윤진철은 스승 정권진과 보성소리를 떼어놓고는 이야기할 수 없다. 그는 송계 정응민 가문(歌門)의 소리 법제를 이으려고 각고의 노력을 하였다. 또 스승의 가르침인 '정심정음(正心正音)'을 제일의(第一義)로 삼아 후진 교육에 힘써 왔다. 재주와 끼를 타고난 사람들이 더러 사법(師法)을 소홀히 하는 경우가 있음에 비추어 볼 때 그의 인격과 품성이 돋보인다. 보성소리를 지키고 이으려는 노력은 '송계의 가을달'로 이미지화 할 수 있을 듯하다. 윤진철의 성음과 기량, 공력도 대단하다. 판소리 다섯 바탕에 두루 능하지만 보성소리의 특장이 집약된 심청가에서 진면목을 보여준다. 2007년에는 적벽가 온 바탕을 선보인 바 있다. 한편 명고수 청암(淸巖) 김성권(金成權: 1926-2008)[106]에게 판소리고법을 배워 정수를 얻었고, 가야금 실력도 명인급이라고 한다. (下平聲 尤韻, 2020. 5. 30)

---

[106] 생년이 1929년, 1943년으로 된 기록들이 있다. 전자는 호적상의 일이요 후자는 사실과 전혀 다르다.

61
왕씨 삼형제의 막내 왕기석(王基錫)

藏山孕出王三奇
同花異色名幷馳
季弟梨園眞才子
雄聲劇技實白眉

내장산이 왕씨 세 재주꾼
잉태하여 내었으니
같은 꽃 다른 색깔로
이름을 나란히 날렸네.

막내아우는
이원(梨園)[107]의 참 재주꾼.
웅장한 목구성, 뛰어난 연기[108]
실로 백미(白眉)로세.

해설

 부자(父子)가 대를 이어 판소리를 한 집안이 상당수다. 형제나 자매의 경우도 있다. 삼형제가 전후로 판소리에 종사하여 이름을 얻은 경우로 전라북도 정읍 출신의 왕기창·왕기철·왕기석 삼형제를 꼽을 수 있다. 왕기창(1954-2001)은 사십 대에 세상을 떠났고, 왕기철·왕기석 명창은 현재 활발하게 활동하고 있다. 막내인 왕기석(王基錫: 1963-) 명창은 박봉술·남해성(南海星) 명창을 사사하였으며, 현재 중요무형문화재 제5호 수궁가 이수자다.

 형과 다른 점이 더 많은 것 같다. '동화이색(同花異色)'이라 한 것은 이런 이유에서다. 풍채가 시원스럽고 선이 굵은 편이다. 성음 면에서 형이 중음과 고음 쪽이 맑은 데 비해 그는 중저음이 좋고 소리가 굵어서 남성소리답다. 동편제 소리가 잘 맞을 것으로 본다. 또한 창극단에서의 경험이 풍부하며 연기력이 우수하다. 정통 판소리는 물론 창극, 창작 판소리 등 여러 방면에서 뛰어난 재능을 보였다. 43세 때인 2005년, 제31회 전주대사습 전국대회 판소리명창부에서 장원을 하였으니, 만진(晩進)임에 분명하다. 그러나 이후의 활약상이 대단하다. 시립정읍사국악단 단장을 역임한 뒤 현재 국립민속국악원(남원) 원장으로 재임 중이다. (上平聲 支韻, 2020. 5. 10)

---

107 중국 당나라 현종 때 칙명으로 세운 종합 예술원. 창가(唱歌), 연극 및 각종 기예(技藝)를 가르쳤다.
108 송만재(宋晩載)의 관우희(觀優戱)에서는 이를 '극기(劇技)'라 하였다.

감상평

　왕씨 집안 판소리 삼형제 가운데 막내 왕기석 명창을 기린 시다. 『시경』에서 말하는 육의(六義), 곧 풍아송(風雅頌) 부비흥(賦比興) 중에서, 내용으로는 민간가요인 풍(風)의 느낌을 준다. 표현 방식으로는 비유법인 비(比)를 위주로 흥(興)을 돋운 것이다.

　시의 구성은 크게 두 줄기가 교차한다. 한 줄기는 왕삼기(王三奇), 명병치(名幷馳), 진재자(眞才子), 실백미(實白眉)다. 또 한 줄기는 내장잉출(藏山孕出), 동화이색(同花異色), 계제이원(季弟梨園), 웅성극기(雄聲劇技)다. 첫 줄기는 왕씨 형제 세 명창이 이름을 나란히 날렸는데 그 중에 백미가 있었다는 것이다. 다음 줄기는 내장산의 정기를 타고 태어난 세 명창의 색깔이 각기 달랐는데 그 가운데 막내는 소리가 웅장하고 연기가 뛰어났다는 것이다.

　이런 설정은 스토리텔링의 권위자 로버트 맥기(Robert Mckee: 1941-) 교수가 감탄할 경지다. 맥기 교수는 스토리텔링의 세 요소로 관심 끌기(hook), 관심 유지(hold), 관심 해소(pay off)를 들었다. 이와 같은 관점에서 이 시는 뛰어난 구성을 보였다. 흡사 제이콥스가 쓴 동화 『아기돼지 삼형제』를 읽는 것처럼 편하고 따뜻하며 호기심을 불러일으킨다.

　백사는 왕씨 삼형제를 코스모스 꽃처럼 아름답게 드러냈다. 동화이색(同花異色)의 꽃 중에 삼색은 코스모스 뿐이다. 코스모스는 분홍색, 빨강색, 흰색 세 가지 종류이고 꽃잎은 8개다. 백사는 아마 코스모스를 염두에 두고 시를 썼을 것이다. 특히 왕기석 명창은 백미이므로 하얀 코스모스일 것이다. 또 여덟 개 잎에서 의미를 찾았을 터이니, 웅장한 목구성, 뛰어난 연기 외에도 특장이 더 있을 것이다.

백사는 그동안 관극시를 쓰면서 송광록-송우룡-송만갑으로 이어지는 송씨 가문, 정재근-정응민-정권진으로 이어지는 정씨 가문, 김성옥-김정근-김창룡으로 이어지는 김씨 가문, 장판개-장월중선-장영찬으로 이어지는 장씨 가문, 박만조-박봉래-박봉술로 이어지는 박씨 가문 등 판소리 명가를 기렸는데, 이번에는 왕씨 가문을 드러냈다. 왕기창·왕기철·왕기석 왕씨 삼형제 명창 중 왕기석 명창을 주인공으로, 왕씨 가문을 가을 길가에 핀 코스모스처럼 예쁘게 드러냈다. 백사의 마음이 코스모스 꽃처럼 곱게 다가온다. 〈최규학〉

판소리계의 오채봉추 염경애(廉敬愛)

百鍊精金瑩滑堅
跳登龍門三十前
五彩鳳雛出丹穴
鳴必驚人飛沖天

정련하고 정련한 쇠
맑고 미끄럽고 단단해졌네.
용문에 뛰어 오른 때가
서른 살 이전이라지.

오색 갖춘 봉의 새끼
단산(丹山)[109]에서 나왔으니
울면 세상을 놀라게 할 것이요
날면 하늘에 솟구치리라.[110]

해설

　염경애(廉敬愛: 1973-) 명창은 전라북도 남원 출신이다. 초등학교 때 판소리에 입문한 그는 친고모인 순천의 염금향(廉錦香: 1932-) 명창에게 소리를 배운 뒤, 이어 현대 판소리계의 거장 조상현 명창을 10년 동안 사사하여 보성소리의 법통을 제대로 이었다. 여성이지만 소리가 무겁고 힘차다. 거침이 없다.

　2002년 제28회 전주대사습놀이 전국대회 판소리명창부에서 장원을 차지하였다. 역대 장원 가운데 만 30세를 넘기지 않은 첫 번째 인물이라 한다. 그는 아무나 넘볼 수 없는 타고난 성음에다 끊임없이 노력을 가하여 상성부터 하성까지 거의 자유롭게 구사할 수 있는 명창이다. 창극보다도 판소리로 대성할 사람이다. 낭중지추(囊中之錐) 같은 빼어난 재주꾼을 하늘이 버려두겠는가. 나는 그가 판소리계에서 동량(棟梁)의 재목이 될 것으로 생각한다. 아니, 사전(史傳)에 오를 만한 인물이라고 믿는다. 염씨 집안에서 배출한 염계달(廉季達) 명창의 성명(盛名)까지도 더욱 빛낼 것이다. (下平聲 先韻, 2020. 5. 6)

---

109 丹穴: 전설상의 산 이름. 이곳에 오색 영롱한 봉황새가 산다고 한다(『山海經』,「南山經」).
110 鳴必驚人:『한비자(韓非子)』,「유로(喩老)」에 "날지 않는다면 몰라도 날기만 하면 하늘에 솟구치고, 울지 않는다면 몰라도 울기만 하면 사람을 깜짝 놀래킨다[雖無飛, 飛必冲天, 雖無鳴, 鳴必驚人]"는 말이 있다.

감상평

　판소리계의 '오채봉추' 염경에 명창을 기린 시다. 염 명창은 오늘날 매우 활발하게 활동하고 있다. 판소리 다섯 바탕 중 심청가·수궁가·적벽가·춘향가 네 바탕을 풀로 공연한 바 있다. 한 번 완창하려면 대개 5년가량의 집중 훈련이 필요하다. 실로 대단한 일이 아닐 수 없다. 2020년 10월, 남원 판소리 완창제(完唱祭)에서 6명의 명창을 선발할 예정인데, 염 명창은 높은 경쟁률을 뚫고 수궁가 부문에서 이미 선발된 상황이라 한다.

　웰렉과 워렌은 『문학의 이론』에서, 시의 근본적인 특징을 리듬과 은유라고 정의했다. 백사의 시는 탁월한 리듬감과 참신한 은유를 동원함으로써 시의 본질에 정통하고 있다. 이 시를 보면 비유와 상징을 활용하여 전문성을 표현하였는데, 먼저 백년정금(百鍊精金)과 오색봉추(五彩鳳雛)로 은유하여 리듬감 있게 표현하였다. '백련정금형활견(百鍊精金瑩滑堅)'은 엄청난 노력을 통하여 뛰어난 명창이 되었음을 말한 것이다. 염 명창은 성우향·조상현·안숙선 명창 등 훌륭한 스승들을 사사하여 오늘날 대가의 경지에 이르렀다. 염 명창의 집안에서 전기 8명창 가운데 한 사람인 염계달(廉季達)이 나왔음은 잘 알려진 바다.

　'도등용문삼십전(跳登龍門三十前)'은 염 명창이 서른 살이 되기 전에 명창의 반열에 등극했음을 말한 것이다. 염 명창은 2001년 한국예술종합학교 졸업 당시 수궁가 완창을 하였는데, 이는 이전에 없었던 일이고, 2002년에는 전주대사습 전국대회에서 판소리명창부에서 29세, 역사상 최연소로 장원을 하였다.

　'오채봉추출단혈(五彩鳳雛出丹穴)'은 염 명창을 오채봉추로 은유한 명구다. 봉추는 대개 뛰어난 인재를 비유할 때 사용하는 말이고, 단혈은 중국 고대 지리서 『산해경』에 나오는 산으로 이 산에 오색 무늬 봉황이 산다고 한다. 여기서 '단혈'은 염 명창의 출신 배경을, 오채는 명창으로서의 조건을 두루 갖춘 것을 함의한다.

　마지막 구절은 『한비자』의 말을 인용하여 염 명창을 한껏 띄운 것이다. "울면 사람을 놀라게 할 것이요 날면 하늘에 솟구치리라[鳴必驚人飛冲天]" 대단한 칭찬이다. 백사의 시와 더불어 염경애 명창의 앞날이 비충천(飛冲天)하기를 기원한다. 〈최규학〉

63
하늘이 낸 소리꾼 장문희(張文熹)

一珠帳中一珠明
四七折桂萬人驚
聲中龍鱗光閃閃
不搖無息歌壇英

'일주' 명창 강장(絳帳)[111]에서
'한 구슬' 밝게 빛나더니
사칠[112] 나이에 계수 꺾어
세상 사람들 놀라게 하였네.

소리 속에 용의 비늘
번쩍번쩍 빛나는구나.
흔들림 없고 쉬지 않는
가단(歌壇)의 영걸이로다.

해설

'괴물소리꾼'이라는 애칭을 받고 있는 장문희(1976-) 명창은 서울 출신이다. 7세 때부터 이모인 난석(蘭石) 이일주(李一珠: 1935-) 명창에게 판소리를 배우기 시작하였다. 이일주 명창은 전설의 대명창 이날치의 증손녀로, 오정숙 명창에게 배워 동초제 판소리(전라북도 중요무형문화재)의 거물이 되었다. 장문희 명창은 2004년, 만 28세의 나이에 전주대사습대회 판소리명창부에서 장원을 하였다. 당시 심사위원 전원이 만점을 주었다고 한다. 역대 최연소, 최고점을 단번에 경신하여 세상을 놀라게 하였다.

장 명창은 '하늘이 낸 소리꾼'이라는 찬사에 가장 걸맞은 사람 가운데 하나다. '괴물소리꾼', '국악계의 마스터'라는 애칭 속에 명창으로서의 위상과 특성이 잘 함축되어 있다. 그의 소리를 듣노라면 '다부지다', '옹골차다', '서슬이 퍼렇다'라는 말이 절로 나온다. 어디서 그런 에너지가 분출하는지 가늠하기 어렵다. 오정숙·이일주 명창의 분신 같기도 하다. 동초 김연수의 소리제를 후세에 오롯이 전할 대명창으로 세인의 기대가 크다.

나는 그를 '불요무식(不搖無息)' 넉 자로 평가한다. '산 같이 흔들림 없고[山立不搖], 물처럼 쉼 없이 흐른다[水流無息]'는 의미에서 취한 말이다. 이 넉 자로 일생 화두를 삼는다면 대성할 것으로 생각한다.

---

111 스승의 문하를 가리킴. 중국 후한(後漢) 때 학자 마융(馬融)이 붉은 비단으로 휘장을 치고 생도를 가르친 데서 연유하였다.
112 '28세' 나이를 사칠(四七), 즉 이십팔수(二十八宿)에 비한 말.

(下平聲 庚韻, 2020. 5. 26)

감상평

    대한민국 대표급 소리꾼 장문희 명창을 격려하는 시다. 장 명창은 올해 44세로 앞길이 창창하다. 백사가 그녀를 관극시에 초대하여 대명창의 반열에 올린 것은 그만한 이유가 있다. 이 시에서는 장 명창을 여의주를 물고 풍운조화를 부리며 천둥번개를 몰아치는 용에 비유하고 있다.
    첫 구에서 "'일주' 명창 강장(絳帳)에서 '한 구슬' 밝게 빛나더니[一珠帳中一珠明]"라 하였다. 앞 구슬은 고유명사로 이일주 명창을, 뒤 구슬은 보통명사로 장문희 명창을 가리킨다. 장 명창을 '이일주 문하의 일주'로 받은 것은 의발(衣鉢)과 여의주(如意珠)를 이중으로 의미한다. 여의주는 용의 턱 밑에 있다는 구슬이다. 온갖 조화를 부리는 신비한 구슬이기 때문에 용이 되기 위한 조건이기도 하다.
    여기서 장중(帳中)은 '강장수도(絳帳授徒)'의 고사에서 가져온 인문학적 용어다. 중국 후한 때의 학자 마융(馬融)이 제자들을 가르칠 때 붉은 휘장이 있는 강단에서 강의했던 데서 유래한다. 마융의 제자가 유명한 정현(鄭玄)이다.
    제2구 "사칠 나이에 계수 꺾어 세상 사람들 놀라게 하였네[四七折桂萬人驚]"는 장 명창이 28세 때 전주대사습대회에서 장원한 것을 은유한 것이다. 이 대회에서 장 명창은 심사위원 전원한테 만점을 받으며 국악계에 혜성같이 등장했다. 여기서 '28'이라는 숫자는 별을 의미한다. 동양에서는 동서남북 28개 별자리를 '이십팔수'라고 한다. 태어날 때 받은 이십팔수 별자리의 기운을 숙명(宿命)이라고 한다. 천자문에도 '신수열장(辰宿列張)' 구절이 나온다. 백사는 28세를 장 명창의 숙명과 연계하여 풀었다.

제3구 "소리 속 용의 비늘 번쩍번쩍 빛나는구나[聲裏龍鱗光閃閃]"는 장 명창의 소리 세계를 여의주를 입에 문 용이 하늘에서 천둥번개를 치며 노는 모양으로 비유한 것이다. 백사는 이 시 자체를 또 하나의 여의주로 세공하였다. 그런 점에서 이 시는 삼주시(三珠詩)라 할 수 있겠다.

끝 구는 "흔들림 없고 쉬지 않는 가단(歌壇)의 영걸이로다"이다. 여기서 불요무식(不搖無息)은 두 가지 해석이 가능하다. 이 주체가 가단일 수 있고 장 명창일 수도 있다. 전자라면 더욱 대단한 통찰이다. 성철 스님의 법문 "산은 산이요 물은 물이다"와 같은 의미이기 때문이다. 장문희 명창이 있기에 가단이 흔들림 없이, 쉼 없이 발전해 나간다는 점을 지적한 것이다. 28자에 무한한 인문학 보따리를 담아놓은 백사의 재주에 벌어진 입이 다물어지지 않는다. 〈최규학〉

64
법고창신의 소리꾼 백현호(白現瑚)

泝尋遠源千里脈
丹心一片如鐵石
奕世相承三百年
慇懃寄語長久策

줄기가 천 리인
먼 근원 찾아가는 분.
붉은 마음 한 조각
쇠나 돌처럼 단단하구나.

여러 대 이어오니
그 역사가 삼백 년.
어떻게 오래 전할까
은근히 말 붙여본다.

해설

　백현호(1987-) 명창은 전라남도 광양 출신이다. 초등학교 시절에 판소리에 입문하여 박송희·전정민·성창순·조상현·안숙선 등 여러 명창을 찾아 소리를 배웠다. 이낙훈 명인에게 고법을 배웠다. 이십 대 초반에 전주대사습대회 판소리일반부에서 장원을 하여 이름을 날리기 시작한 뒤 외길을 걷고 있다.

　중후한 성음이 매력적이다. 대학, 대학원 석사-박사 과정을 차례로 거치면서 예술인-학자에 대한 꿈을 키워왔다. 그는 정통 판소리를 하는 사람이다. 그러면서도 국악의 저변 확대, 대중화를 위해 국악아카펠라그룹 '토리스'와 송도아카데미를 조직하여 왕성하게 활동하고 있다. 그렇다면 '가객으로 학자로 두 사람 일을 맡았네[歌客學士兩人役]'라고 일컬을 수 있지 않을까.

　나와는 알고 지낸 지 8년가량 되었다. 만날 때마다 화제는 단연 판소리였다. 다른 말은 입에 올리는 일이 거의 없었다. 그는 판소리 역사로부터 이론에 이르기까지 해박하다. 그 연배에 소리 공력과 이론을 함께 갖춘 사람이 몇이나 될까?

　그는 나에게 판소리의 미래를 위한 금언(金言)이 있을지를 자주 물었고, 나는 '온고이지신(溫故而知新)', '법고이창신(法古而創新)'의 취지로 대답하곤 하였다. 이 말은 앞으로 수천 년을 가더라도 변치 않을 진리가 아닐까? 누가 이 말을 진부하다고 하랴. 언제나 늘 살아 있는 화두라 하겠다. 도리어 그것의 성취가 난제 가운데 난제다.

　그는 오래 전부터 판소리 삼백 년의 역사를 탐구해 오고 있다. 판소리를 세로축에, 역사의 변천을 가로축에 놓고 그 발전 양상을 구명하고 있다. 그 연구 목적은 어디에 있을까. 역시 '법고창신'[113] 이 그 과녁일 것이다. 판소리의 앞날을 고민하는 젊은 소리꾼에 대한 기대가 크다. (入聲 陌韻, 2020. 6. 27)

---

113 法古創新: 옛것을 본받아 그것을 바탕으로 새것을 창작한다는 말. 연암 박지원의 「초정집서(楚亭集序)」에 나온다. 공자가 말한 '온고이지신'을 문학 이론에 맞게 고친 것이다. 그러나 이 말은 문학 이론에 그치지 않는다.

부록

1
관극시를 되살린 이영민(李榮珉) 二首

孤雲先唱五雜伎
牧隱長照驅儺史
紫霞引轉優場風
碧笑特寫名伶氏

신라의 다섯 잡기(雜伎) 선창한 최고운
'구나희' 역사 집중 조명한 이목은
소리판 바람 속으로 인도한[114] 신자하
이름난 광대들 조명한 이벽소

紫霞復生李碧笑
自詩自筆臻高妙
寫出藝人傳後來
四十年功豈云少

이벽소는 신자하가 환생한 듯
짓고 쓴 시 고묘(高妙)하기도 하다.
예인들 그려내어 후세에 전했으니
사십 년 쌓은 공이 어찌 적으랴.

해설

　관극시의 전통을 이은 벽소(碧笑) 이영민(李榮珉: 1881-1962)은 전라남도 순천 출신이다. 한성사범학교를 졸업한 뒤 언론계·교육계에 종사하였다. 좌파 독립운동가로 활동하다가 옥고를 치른 바 있다. 시(詩)·서(書)·악(樂)에 다 뛰어났으며 『벽소시고(碧笑詩稿)』를 남겼다. 그는 판소리에 남다른 애정을 가지고 명창들의 소리 세계를 이해하려 하였다.[115] 1920년부터 1948년까지 유수한 명창들의 공연을 보며 저들의 소리에서 특징을 찾아 한시로 읊은 뒤, 이 한시와 함께 명창의 실제 모습을 사진으로 남겼다. 모두 55명[116]에 이른다. 판소리 명창이 다수를 이루는 가운데 고수 및 가야금·거문고 연주자 등도 상당하다.[117] 1920년

---

114 원문 인전(引轉)은 '끌어서 바꾼다'는 의미다.
115 관련 논고로 임성래, 「이영민의 한시를 통해 본 판소리 명창의 세계」, 『판소리연구』 10, 판소리학회, 1999 참조.
116 벽소 이영민 이외에도 함께 관극시를 지은 사람으로 노옥천(盧玉川) 2건, 오죽천(吳竹泉) 2건, 이연하(李蓮下) 1건이 있다. 이들의 본명을 알 수 없음이 아쉽다.
117 「청구악부초(靑丘樂府草)」에 수록된 41명은 다음과 같다. 1. 송만갑(판소리), 2. 이동백(판소리), 3. 김창룡(판소리), 4. 정정렬(판소리), 5. 이선유(판소리), 6. 한성준(고수), 7. 정응민(판소리), 8. 배설향(판소리), 9. 이화중선(판소리), 10. 박녹주(판소리), 11. 김초향(金楚香: 판소리), 12. 김여란(판소리), 13. 김연수(판소리), 14. 임방울(판소리), 15. 정원섭(고수), 16. 백낙준(거문고), 17. 이소향(李素香: 가야금), 18. 조몽실(曺夢實: 판소리), 19. 김준섭(金俊燮: 판소리), 20. 박초월(판소리), 21. 오태석(가야금), 22. 김종기(金宗基: 가야금), 23. 김소희(판소리), 24. 박귀희(판소리), 25. 김명옥(金明玉: 판소리), 26. 정광수(판소리), 27. 오비취(吳翡翠: 판소리), 28. 신숙(愼淑: 판소리), 29. 신쾌동(거문고), 30. 함동정월(가야금), 31. 송영숙(宋永淑: 판소리), 32. 조소옥(趙素玉: 판소리), 33. 조금옥(趙錦玉: 판소리), 34. 이중선(李中仙: 판소리), 35. 박채련(朴採蓮: 판소리), 36. 조농옥(曺弄玉: 판소리), 37. 강산홍(姜山紅: 판소리), 38. 한갑득(거문고), 39. 김녹주(金綠珠: 판소리), 40. 한애순(韓愛順: 판소리), 41. 안채봉(安彩鳳: 판소리).
이영민, 『벽소시고』(등사본, 62면) 참조. 명인·명창의 성명, 생년과 출신지, 특장, 사승(師承) 관계 등이 두주(頭註) 형태로 적혀 있다. 이 밖에도 14명이 더 있다. 1. 김염운(金念雲: 시조창), 2. 김용련(金容蓮: 판소리), 3. 홍두환(洪斗桓: 고수), 4. 성명관(成明寬: 가야금), 5. 임소

송만갑·이동백(판소리), 김염운(金念雲: 시조창)을 시작으로, 1948년 오학남(吳鶴南: 거문고)까지 촬영하였다.[118] 1935년에는 순천의 부호 우석(友石) 김종익(金鍾翊: 1886-1937)에게 기부를 권유하여 조선성악연구회 건물을 마련할 수 있도록 하였다. 그는 판소리 부흥에 공이 많은 사계의 선각자다. 단가 〈순천가(順天歌)〉는 그가 가사를 붙인 것이다.

위 시에서는 고운-목은-자하-벽소로 이어지는 관극시 계보를 제시하였다. 이들 시의 초점을 '선창(先唱)', '장조(長照)', '인전(引轉)', '특사(特寫)'로 뽑고 보니, 기·승·전·결의 흐름과 비슷하다. 벽소 관극시의 눈동자는 명인 명창을 '클로즈업' 했다는 데 있다. '특사(特寫)'를 요샛말로 바꾸면 '부각(浮刻)'이다. (上聲 紙韻, 去聲 嘯韻; 2020. 5. 12)

감상평

'벽소 이영민' 두 수는 관극시의 보석인 이영민을 기린 시다. 이영민은 한국 판소리가 유네스코 세계무형문화유산으로 등재되는 데 숨은 공이 있는 사람이다. 그는 판소리가 민족정신을 담고 있다고 판단, 28년간 명창들의 연희를 보고 관극시를 짓고 사진을 촬영하여 후세에 남겼다. 백사는 21세기에 한국 관극시의 르네상스를 일으키고 있는데, 이영민의 공적을 높이 평가하고 한국 관극시의 계보에 기둥으로 편입하였다.

향(林小香: 판소리), 6. 김옥주(金玉珠: 검무), 7. 임종성(林鍾成: 피리), 8. 오기석(吳碁石: 판소리), 9. 정남희(丁南希: 가야금), 10. 조동선(曺東善: 판소리), 11. 박춘섭(朴春燮: 가야금), 12. 성흥준(成興準: 판소리), 13. 오천봉(吳千峯: 피리), 14. 오학남(吳鶴南: 거문고).
118 명창과 명인을 직접 보지 못한 경우는 관극시에다 인물 사진을 합성하여 촬영하였다(8건).

백사는 첫 수에서 관극시의 계보를 한시의 기·승·전·결에 맞춰 기가 막히게 뽑아냈다. 즉 신라 고운 최치원의 〈향악잡영(鄕樂雜詠)〉을 선창(先唱)으로 보고, 고려 목은 이색의 〈구나행(驅儺行)〉'을 장조(長照), 조선 자하 신위의 〈관극절구(觀劇絶句)〉를 인전(引轉), 한국 근현대 벽소 이영민의 〈벽소관극(碧笑觀劇)〉을 특사(特寫)로 정의하였다. 이색의 관극시에 나오는 구나(驅儺)는 섣달 그믐날 밤에 궁중에서 사기(邪氣)와 악귀를 내쫓던 의식이다. 〈구나행〉은 고려 말엽에 실연된 궁중나희를 보고 그 역사까지 아울러 쓴 시다.

   백사가 관극시를 네 단계 구조로 정의한 것은 공자가 유학을 '선창'하고 안회가 '장조'하고 증자가 '인전'하고 자사가 '특사'한 것과 비슷한 구조다. 동양의 칸트로 불리는 주자가 성리학으로 유학사상을 재탄생하게 한 것처럼 한국 관극시를 재조명한 것이라 볼 수 있다. 동양철학에 정통하고 관극시에 밝은 백사가 아니면 나오기 어려운 시라 하겠다.

   백사는 둘째 수에서 벽소 이영민을 자하 신위의 후계로 재조명하였다. 첫 구 '자하부생이벽소(紫霞復生李碧笑)'는 마치 '안자부생공부자(顔子復生孔夫子)'와 같은 의미 구조를 갖는다. 백사의 시로 볼 때 공자의 손자 자사(子思)가 술성자사(述聖子思)라 불리듯이 벽소 이영민은 관극시 계통에서 만큼은 술성벽소(述聖碧笑)로 불려도 될 듯하다.

   주자는 "하늘이 공자를 낳지 않았다면 세상은 밤처럼 어두웠을 것이다"라고 하였다. 마찬가지로 백사가 없었다면 벽소 이영민의 조명은 더 늦어졌을 것이다. 알렉산더 포프(Alexander Pope: 1688-1744)의 말이 떠오른다. "자연과 자연법칙은 어둠에 잠겨 있는데, 하나님이 가라사대 뉴턴이 있으라 하시매 모든 것들이 밝게 빛났다."〈최규학〉

2
광대열전을 선보인 정노식(鄭魯湜)

槿域歌舞値衰季
辛勤採錄唱優事
悲哉陷入旋渦中
荊山玉璞人蔑棄

근역(槿域)의 노래와 춤이
쇠퇴한 말세를 만났을 때
창우(唱優)들의 발자취
부지런히 고생하며 채록했네.

슬프다!
소용돌이에 빠져들었구나.
형산(荊山)의 옥덩어리를
업신여겨 버려두다니.

해설

정노식(1891-1965)은 전라북도 김제 출신이다. 아호는 상곡(象谷)이다. '호남삼절(湖南三絶)'의 한 사람인 석정(石亭) 이정직(李定稷: 1841-1910)에게 한학을 배운 뒤 일본에 유학을 갔다. 1912년 세이소쿠[正則] 영어학교를 졸업하고, 메이지대학[明治大學] 정치경제과에 입학했으나 중퇴하였다.

도쿄에서 독립운동을 하다가 1919년 민족대표 48인의 한 사람으로 3·1운동에 참가하여 옥고를 치렀다. 이후 줄곧 사회주의운동에 참여하였다. 1930년대 후반, 요시찰 인물에 대한 경찰의 감시가 심해지자 판소리 연구와 역대 명창들의 발자취를 찾는 데 몰두, 1940년에 『조선창극사』를 출간했다. 광복 뒤 좌파운동에 뛰어들어 민주주의민족전선, 남조선신민당, 남조선노동당 등에서 여러 고위 직책을 역임했다. 1948년 월북한 뒤, 북한에서 최고인민회의 제1기 대의원을 비롯하여 여러 요직을 차례로 지냈다. 남한 출신으로 숙청을 당하지 않은 드문 경우이다.

좌파 지식인 정노식은 전통문화의 정수(精髓) 가운데 하나인 판소리 연구에 몰두하여 금자탑을 쌓았다. 특이한 이력이다. 1939년 7월에 쓴 『조선창극사』 서문에서 "내 조선창극조 광대소리에 대한 취미를 남달리 가졌으므로, 들을 기회가 있을 때마다 꼭 빠지지 아니하고 들었고, 광대와 마주할 기회만 있으면 언제든지 붙잡고 종으로 횡으로 이에 대한 이야기를 들었다"라고 하였다. 역대 명창 89명과 고수 1명의 약전 및 판소리 더늠을 소개한 이런 유의 책은 이전에 없었다. '파천

황(破天荒)' 석 자가 제격이다. 실로 '창우열전(唱優列傳)'이라 할 만하다.

혹자는 전도성(全道成: 1864-1940) 명창의 구술에만 의지한 것이라고 평가절하기도 한다. 그러나 이것은 온당하지 않은 평이다. 어려운 환경 속에서 어렵게 성취한 업적임을 먼저 인정해야 할 것이다. 녹음기가 없던 시절, 그 수많은 더늠을 어떻게 채록하였을까? 일부는 큰 실례를 무릅쓰고 광대들의 입수고를 빌 수밖에 없었으리라. 또 그 자신의 말과 같이 공연이 있는 곳마다 쫓아다녔을 것이다.

정노식이야말로 관극시 대열에 넣어야 할 사람이다. 전근대 시기 학자, 문인들은 시를 통해 광대들의 극창(劇唱)을 노래하였지만, 정노식은 약전(略傳)을 통해 그들의 삶과 예술을 후대에 전하였다. 그는 1850-60년대를 전후한 시기에 태어난 명창들을 거의 다 만나보았을 것이다. 『조선창극사』는 관극시의 전통을 이어 관극사(觀劇史)를 새로 쓴 것이라 하겠다.

남북 분단 이후 그는 북한을 택하였다. 1988년 해금(解禁) 이전까지 그의 업적은 매몰되었다. 사실상 잊히기를 강요 당하였다. 『맹자』 「만장(萬章) 下」에 "그 시를 외우고 그 글을 읽으면서 그 사람(지은이)을 모른다면 되겠는가[頌其詩, 讀其書, 不知其人, 可乎]"라는 말이 있다. 정노식의 경우가 아닐까. 근자에 조명이 이어지고 있음은 그나마 다행스러운 일이다. (去聲 眞韻, 2020. 6. 11)

관극시 명단 〈가나다순〉

- 고수관(高壽寬)　남 명창　충남
- 권삼득(權三得)　남 명창　전북
- 김동준(金東俊)　남 고수　전남
- 김명환(金命煥)　남 고수　전남
- 김세종(金世宗)　남 명창　전북
- 김소희(金素姬)　여 명창　전북
- 김수악(金壽岳)　여 명무　경남
- 김수연(金秀姸)　여 명창　전북
- 김연수(金演洙)　남 명창　전남
- 김영자(金榮子)　여 명창　대구
- 김일구(金一球)　남 명창　전남
- 김창룡(金昌龍)　남 명창　충남
- 김창환(金昌煥)　남 명창　전남
- 김청만(金淸滿)　남 고수　전남
- 모흥갑(牟興甲)　남 명창　경기
- 박귀희(朴貴姬)　여 병창　대구
- 박기홍(朴基洪)　남 명창　전남
- 박동진(朴東鎭)　남 명창　충남
- 박녹주(朴綠珠)　여 명창　경북
- 박만순(朴萬順)　남 명창　전북
- 박봉술(朴奉述)　남 명창　전남

- 박송희(朴松熙)　　여 명창　　전남
- 박초월(朴初月)　　여 명창　　전북
- 박유전(朴裕全)　　남 명창　　전북
- 백인영(白寅榮)　　남 산조　　전남
- 백현호(白現瑚)　　남 명창　　전남
- 성우향(成又香)　　여 명창　　전남
- 성창순(成昌順)　　여 명창　　광주
- 송만갑(宋萬甲)　　남 명창　　전남
- 송순섭(宋順燮)　　남 명창　　전남
- 송흥록(宋興祿)　　남 명창　　전북
- 신재효(申在孝)　　남 이론　　전북
- 심상건(沈相健)　　남 산조　　충남
- 안숙선(安淑善)　　여 명창　　전북
- 안향련(安香蓮)　　여 명창　　전남
- 염경애(廉敬愛)　　여 명창　　전북
- 염계달(廉季達)　　남 명창　　경기
- 오정숙(吳貞淑)　　여 명창　　전북
- 오태석(吳太石)　　남 병창　　전남
- 왕기석(王基錫)　　남 명창　　전북
- 유성준(兪成俊)　　남 명창　　전북
- 윤진철(尹珍哲)　　남 명창　　전남
- 은희진(殷熙珍)　　남 명창　　전북
- 이낙훈(李洛薰)　　남 고수　　전남
- 이날치(李捺致)　　남 명창　　전남
- 이동백(李東伯)　　남 명창　　충남

- 이선유(李善有)　　남 명창　　경남
- 이영민(李榮珉)　　남 劇詩　　전남
- 이정업(李正業)　　남 고수　　경기
- 이화중선(李花中仙)　명창　　전남
- 임방울(林芳蔚)　　남 명창　　전남
- 장문희(張文熹)　　여 명창　　서울
- 장판개(張判盖)　　남 명창　　전북
- 전정민(全貞敏)　　여 명창　　충남
- 정권진(鄭權鎭)　　남 명창　　전남
- 정노식(鄭魯湜)　　남 劇史　　전북
- 정응민(鄭應珉)　　남 명창　　전남
- 정정렬(丁貞烈)　　남 명창　　전북
- 정창업(丁昌業)　　남 명창　　전남
- 정춘풍(鄭春風)　　남 명창　　충남
- 정회석(鄭會石)　　남 명창　　전남
- 조상현(趙相賢)　　남 명창　　전남
- 주봉신(朱鳳信)　　남 고수　　전북
- 진채선(陳彩仙)　　여 명창　　전북
- 차명희(車明姬)　　여 명무　　서울
- 한성준(韓成俊)　　남 고수　　충남
- 한일섭(韓一燮)　　남 산조　　전남

- ◆ 명창 50명　◆ 고수 7명　◆ 병창 및 산조 5명
- ◆ 명무 2명　◆ 이론 1명　◆ 관극시 1명
- ◆ 창극사 1명

謹賀白史先生 觀劇詩集出版 (漢學者 金己)
삼가 백사 선생의 관극시집 출판을 축하하며

萬客縱擒世孰能
靑丘劇唱價長騰
紫霞雅詠情初發
白史精吟神厚凝
隱隱文香想野菊
飄飄語勢逐雲鵬
如鷹搏餌銳抽核
先闢新區士譽稱

만인을 쥐락펴락하는 일
세상에 뉘라서 능히 할까.
우리나라 판소리의 진가
길이길이 오르리라.

신자하 맑게 노래하니
애정이 처음으로 일었고
최백사 정밀히 읊으니

정신이 두텁게 엉키었네.
은은한 문향(文香)은
들국화를 생각하게 하고
표표한 어세(語勢)는
구름 속 봉새를 뒤쫓는 듯.

매가 먹잇감 낚아채듯
예리하게 핵심 뽑아냈으니
새 경지 처음 개척한 공
전문가들 모두 칭송하리라.

최영성(崔英成)

저자 최영성(崔英成)의 아호는 백사(白史)다. 전라북도 순창에서 태어났다. 1985년 성균관대학교 유학대학 한국철학과를 졸업한 뒤, 같은 학교 대학원 석·박사과정에서 한국 고대사상과 한국유학사를 전공하였다(철학박사). 영산대학교 국제학부 전임강사를 지낸 뒤, 현재 국립한국전통문화대학교 무형유산학과 교수로 재직(2000-) 중이다.

저자는 한국의 고대사상 연구를 통해 한국사상의 원형을 탐색하는 작업에 힘써 왔다. 이와 관련하여 최치원의 철학사상과 그 현대적 의의를 조명하는 일에 매진하였으며, 최치원의 문집과 『사산비명(四山碑銘)』 등을 역주하여 '역주 최치원전집'(1997-98)으로 펴냈다.

또 삼십 대 초반에 한국유학의 통사적(通史的) 저술인 『한국유학사상사』 5권(1994-97)을 펴냈고, 이를 재정리하고 보완한 『한국유학통사』 3권(2,370쪽)을 2006년에 펴냈다. 2015년에 개정 중판이 나온 『한국유학통사』는 한국학 연구의 기초 자료로, 국내는 물론 미국 하버드대학도서관 등 외국의 각급 도서관 한국학 코너에 필수도서로 소장되어 있다.

이 밖에 주요 저서 및 역서로 『한국의 학술연구: 동양철학편』(공저, 2001), 『한국철학사상사』(공저, 2003), 『고운사상의 맥』(2008), 『고운 최치원의 철학사상』(2012), 『한국의 금석학 연구』(2014), 『되짚어 본 한국사상사』(2015), 『사상으로 읽는 전통문화』(2016), 『사상과 문헌을 통한 한국사의 재발견』(2018), 『조선의 밀사 안용복』(2019), 『백사한시집』(2019) 등 다수가 있다. 2019년까지 학계에 발표한 논문은 130여 편이다.

관극시란

관극시는 판소리를 감상한 뒤 지은 한시를 말한다. 조선 순조 때의 유명한 시인 자하(紫霞) 신위(申緯)가 처음으로 붙인 말이다. 관극시의 전통은 오래 되었다. 판소리가 나오기 이전에도 전통 연희(演戱)를 보고 느낌을 시로 옮긴 경우가 있었다. 신라 말기의 학자 최치원(崔致遠)은 당시의 가면극 오기(五伎)를 보고 그 모습을 다섯 수의 시로 남겼다. '향악잡영(鄕樂雜詠)'이 그것이다. 고려 시대의 학자 목은 이색(李穡)은 당시 세모(歲暮)에 대궐에서 역귀와 악귀를 쫓기 위해 행하던 '구나희(驅儺戱)'를 보고 '구나행(驅儺行)'이라는 제목의 장편시를 남겼다. 이런 것들도 관극시의 전통에 넣을 수 있을 것이다.

신위의 관극시는 12수이다. 관극시의 전범을 남겼다는 점에서 그 위상이 높다. 이후 신위의 후배 세대인 송만재(宋晩載)가 '관우희(觀優戱)'라는 제목의 절구 50수를 지어 관극시의 전통을 계승하였고, 1930년대 국악애호가인 이영민(李榮珉) 역시 판소리 명창 등 54명의 예인을 기리는 관극시를 발표하여 다시 그 뒤를 이었다. 하나의 장르로 확고한 위상을 정립한 것은 아니지만 최치원으로부터 이영민에 이르기까지 단절되지 않고 내려 왔다는 점에서 의의가 크다. 전통연희, 판소리의 역사를 연구하는 데 사료로서도 그 기능이 적지 않다.